ANGELA ORAMAS CAMERO

LAS GALLEGAS
DE CUBA

EDITORIAL LETRA VIVA
CORAL GABLES, LA FLORIDA

A mis hijas y nieta Yaíma, Yoana y Ana Sofía

A las gallegas cubanas

A Rosalía de Castro
por su presencia espiritual
en La Habana.

ANGELA ORAMAS CAMERO

Agradecimientos

Mi profundo agradecimiento para las personas que me ayudaron en la investigación y elaboración de este libro, entre ellas: Lissette Leivas, Domingo Regueiro, Pedro González Munné y Pedro Trigo, sin olvidar la gentileza de las gallego-habaneras que accedieron ofrecer sus testimonios.

ANGELA ORAMAS CAMERO

LA MEMORIA

Escribir las remembranzas de *Las de gallegas de Cuba* significó experimentar admiración y emociones diversas al conocer a gallegas de gran valía que en mi querida Habana construyeron sus destinos, bautizados de amor y sufrimiento en los vaivenes de vidas que han transcurrido en Galicia y La Habana, aunque la mayor parte del tiempo en la capital cubana.

Me apasionaron sus historias al tiempo que sentí enriquecerme espiritualmente y también hubo el inevitable desgarramiento cuando supe de profundos dolores de añoranzas y de sus despedidas para siempre de los seres más queridos, quienes se quedaron en las desoladas aldeas en la espera hasta la muerte.

Y, me contagié de la legítima saudade gallega y del respeto por estas mujeres que le han aportado a la capital cubana cultura, sabiduría femenina, idiosincrasia, ternura, ejemplo de resistencia y voluntad, mientras trabajaron afanosa y duramente para mejorar la economía familiar, sin dejar de contribuir con donaciones para el beneficio social de la amada Galicia. Unas lograron traer a sus hijos y alejarlos del infierno de la guerra o ellas mismas lograron escapar del conflicto, otras se casaron en La Habana y tuvieron hijos, nutridos con sangre gallega y cubana.

En los testimonios aparecen dos figuras de sostenida popularidad en los espacios de la radio, teatro, cine y televisión. Son Aurora Pita y Maruja Calvo, gallegas que con ternura y talento se sitúan en el estrellato artístico de la cultura cubana. Escasa fue la cifra de emigradas que como ellas alcanzaron la fama o el nivel universitario en el siglo XX, aunque para sus hijos la posibilidad de la enseñanza superior fue puesta en marcha, masivamente, a partir de 1959, debido al acceso gratuito a los centros de estudios tecnológicos, preuniversitarios y a las universidades.

La colonia gallega en Cuba fundó la más numerosa prensa de los emigrados en el continente americano, pues en La Habana llegaron a circular, entre periódicos y revistas, más de 70 publicaciones. No obstante, pocas fueron las gallegas que incursionaron en el ejercicio del periodismo. Una fue Mercedes Vieito Bouza. Sus artículos se divulgaron alrededor de 1915 por la revista Galicia, donde se destacó como defensora de los derechos de las emigradas en Cuba y en tal sentido atacó duramente a la directiva del Centro Gallego por no ofrecerles solidaridad y apoyo.

Mientras que en el siglo XIX, Virginia Auber Noya, nacida en La Coruña, se destacó por la intensa vida intelectual que desarrolló en La Habana entre 1833 y 1871; fue dramaturga y reconocida periodista. En sus artículos se opuso a la esclavitud, cuyo sistema imperaba en Cuba, entonces colonia de España; promovió la conciencia pública basada en la moral y el progreso social y defendió el ideario feminista. En la capital cubana escribió sus tres novelas: *Leoncio, Ambarina* y *Una Falta.* En el *Diario de la Marina,* la mayor parte de sus trabajos evidenciaron el amor por Galicia.

Otras gallegas o sus hijos e hijas o los esposos han enriquecido la historiografía de Cuba al convertirse en participantes del proceso cultural e histórico el siglo XX. En el libro aparece la semblanza de Flor Marina, la madre de los tres hermanos que combatieron en el macizo montañoso de la Sierra Maestra, los gallegos José, Faustino y Manuel. Concluye el texto con el retrato hablado de María Araujo Martínez conocida indistintamente como María La Guerrillera y María La Gallega, su impronta en la historia de sus dos patrias chicas, Galicia y La Habana, fue muy significativa y de gran ejemplaridad femenina.

Las gallegas tributaron sus platos más típicos a la cocina criolla, mientras enseñaban a las cubanas a ser reinas con las agujas en complicados tejidos y bordados. Fueron pulcras lavanderas, planchadoras y costureras. Alcanzaron fama de mujeres de carácter fuerte, sufrido y amable y de ser emprendedoras, abnegadas, solidarias y muy trabajadoras. No hubo para ellas la tregua del descanso, derramaron lágrimas por la familia que dejaron en su tierra *nai* y edificaron en La Habana un hogar de esperanzas y amor.

A través de los testimonios y semblanzas se abarca más de un siglo de las andanzas por la Isla de la emigración femenina de Galicia. Mirar ese pasado de las miles de galicianas en La Habana, podrá parecer que el tiempo ha volado y, sin embargo, ha sido tan largo y difícil como a ellas mismas les pudo parecer el camino del futuro. No todo fue un lecho de rosas.

Muchas de las mozas campesinas debieron trabajar en la condición de esclavas domésticas de los propios coterráneos o en los negocios de los parientes sin salario, porque el pago a su trabajo consistía en el plato de comida y el cuarto de criados o la trastienda para dormir. Las que aceptaron empleos en casas particulares como cocineras, nanas, camareras y sirvientas percibieron un miserable salario. Un hecho denunciado en ocasiones por la periodista gallega Mercedes Vieito Bouza en la revista *Galicia* de 1915: "Diversas veces ha sido tema de actualidad y discusión entre elementos de la colonia, el absoluto abandono en que esta tiene a la mujer gallega emigrada".

Por su lado, Luis Otero Pimentel escribió una crítica en la revista Galicia, el 16 de enero de 1915, sobre las deficiencias que detectó en el programa educacional en las escuelas de Galicia, construidas gracias al tributo de los emigrados. En defensa de los alumnos y las mujeres en particular, este periodista expresó: *A los niños hay que inculcarles ideas de honor y respeto hacia la mujer (...) Donde la mujer es desconsiderada, menospreciada, el hombre se envilece y no adquiere nunca la debida cultura. Elévese a la mujer y la mujer se encargará de dignificar al hombre como esposa, como madre, como base de la familia.*

Sin lugar a dudas, son las mujeres las que más sufrieron la emigración y vivieron largos años en Cuba sin protección alguna. Decenas de mozas fueron vilmente explotadas por los propios tíos y conocidos en el negocio de la prostitución o ellas mismas prefirieron prostituirse antes de deambular por las calles en la condición de mendigas. Excluidas de pertenecer al *Muy Ilustre Centro Gallego de La Habana*, tampoco las emigradas fueron asunto de los partidos políticos, enfrascados en una guerra de discursos y propagandas en aras del poder.

Las moza que conseguía un trabajo como sirviente, fuera gallega o de otro origen, sin excluir a las nacidas en Cuba, estaba expuesta en esa sociedad a ser violada por el "señorito" de la casa y si quedaba embarazada, corría el riesgo de ser expulsada y regresar al martirio del desempleo y con el estigma de la deshonra. El proceso de la maternidad se le convertía en desgracia ¿quién osaría darle trabajo a una emigrada con el abultamiento del vientre? Muchas preferían recurrir al aborto y como no disponían de dinero para pagar la atención de un hospital de maternidad, caían en manos de parteras, las llamadas comadronas que carecían de elementales técnicas e higiene sanitaria. Otras dejaron a los recién nacidos en el torno del orfanato de la Casa de Beneficencia de La Habana. Nunca más volverían a tener en los brazos al hijo del infortunio.

Abandonadas a su suerte, vilipendiado y cruelmente explotadas en el trabajo, la mayoría jamás pudo ahorrar suficiente dinero para comprarse el pasaje de regreso a la aldea y así continuaron sobreviviendo en Cuba, hasta 1914 cuando la Sociedad Solidaridad Pontevedresa planteó la urgencia de fundar una asociación a la que pudieran pertenecer las gallegas, ya que la emigrada se halló excluida de los beneficios de las instituciones regionales que existían en el Centro Gallego, entre ellos el derecho de recibir atención médica en la casa de salud *La Benéfica*. Este mismo año, la Sociedad Pontevedresa acordó extender los servicios sanitarios y cirugía menor a las mujeres que ya eran socias, y especialmente fueron atendidos los embarazos y partos. Progresivamente se fueron ampliando las oportunidades y en noviembre de 1915 se designaron farmacias en diferentes municipios y repartos habaneros, entre estos: Víbora y Vedado, para el despacho de recetas entre las asociadas de la mencionada sociedad gallega.

El 18 de enero de 1917 se fundó la *Asociación Hijas de Galicia* que abrió las puertas y ofreció amparo a las emigradas de todas las regiones de España. Mujeres y hombres tuvieron el mismo derecho a aspirar a cargos en la directiva de esta sociedad gallega. Cada tres años eran celebradas las elecciones, cuyas candidaturas presentaban los partidos Renovación de Hijas de Galicia y Renovación y Defensa Social, entre otros. Por aquella época, la directiva del Centro Gallego nunca reconoció a la *Asociación Hijas de Galicia* ni la igualdad de derechos de la mujer.

En 1924 la citada asociación compró un sanatorio al que primero nombró *Concepción Arenal*. *Más* tarde, al nuevo pabellón definitivamente llamaron hospital *Hijas de Galicia*, ubicado en la barriada habanera de Luyanó, creado para atender a cualquier emigrada de España y a sus hijos.

También con el nombre de *Concepción Arenal*, durante varias décadas del silgo XX funcionó una escuela, en cuyas aulas estudiaron numerosos gallegas y sus descendientes. En este plantel algunas mujeres además aprendieron oficios y profesiones que les servirían luego para la obtención de mejores trabajos. En la actualidad esta escuela existe, ubicada muy cerca del antiguo Centro Gallego, donde se imparten clases de nivel primario, desde primero hasta sexto grados. Los alumnos son niños y niñas nacidos en La Habana, incluidos los nietos de gallegos.

El Apóstol de la Independencia y Héroe Nacional de Cuba, José Martí dedicó a Concepción Arenal los más hermosos elogios, así en 1882, en un artículo referido a las cárceles de España, cita el pensamiento de la excelsa gallega a quien llama señora ilustre y modestísima *que pide con acento de evangelista y de profeta que se truequen en penitenciarías los presidios y éstos y las inmundas cárceles, en escuelas para los pescadores. Concepción Arenal se llama esa dama ilustre; no tiene España otra más grande.*

En 1887, Martí vuelve a mencionar la labor de la ilustre gallega y expresa que de penitenciarías y de derecho internacional no hay quien sepa más que Concepción Arenal, *una española a quien, poco después de haberla premiado con medalla de oro en Dinamarca por un libro admirable sobre cárceles, la halló un visitante respetuoso zurciendo medias,* y en otro escrito: *Prosa de próceres,* la llama *señora de oro, con mente a pueblo.*

Para José Martí tampoco pasó inadvertida Rosalía de Castro y de ella cita frases que son afines con su propio pensamiento sobre ética y conducta. A un amigo confiesa haber leído *Follas Novas* y en carta que le dirige, inserta palabras de la gran poetisa gallega.

Realmente, Martí amó al abnegado pueblo de Galicia. Por eso discursos, crónicas, poesía y otros escritos suyos revelan su legítimo respeto y admiración por los gallegos y gallegas. Tampoco por gusto, existen en diferentes provincias galicianas cinco monumentos para rendirle culto, al tiempo que patentizan los indestructibles lazos de amistad entre Galicia y La Habana.

A la célebre cantante y bailarina Carolina Otero, nacida en Pontevedra en 1868, Martí le dedicó una de sus poesías de mayor trascendencia, la que todavía es recitada en los planteles estudiantiles de La Habana, donde describe la insólita belleza de la renombrada artista gallega, de quien dice que tiene cara de virgen y de seducir más por el poder de sus ojos que por el canto y el baile. La califica de divina y en otro verso de Virgen de Asunción.

En el crisol de la entidad habanera existen fuertes componentes de la impronta gallega. Así en los barrios de Jesús del Monte, Cerro, Palatino y otros, se mezclaron los efluvios de los frijoles negros y el caldo gallego, mientras la gaita con su sonido nostálgico y dulce era tan escuchada como la guitarra, el tambor o la flauta. En los banquetes celebrados por la comunidad gallega se daba rienda suelta a la morriña y en los

14

jardines de las cervecerías La Tropical y La Polar fueron celebradas las romerías, con bailes y música típicas de Galicia y Cuba. La presencia de la mujer fue aceptada en estas fiestas a partir de 1907, por la iniciativa del Club Estradense que ese año celebró una romería de tipo comarcal y extendió la invitación a las emigradas.

Las orquestas complacían lo mismo con la música preferida de la colonia gallega y con la nativa: danzones, alalás, boleros, habaneras, pasodobles, jotas, valses, son y panderadas. Se bailó casino, fandango, meneo, rumba y jota. No podía faltar la pieza que los emigrados convirtieron en una especie de himno de la comunidad: *Una noche en la era del trigo.* Varias veces en la tarde, igualmente se interpretaban *La Alborada* de Veiga y el danzón *A la Habana me voy,* de Faílde.

Tampoco podía dejar de ser interpretada la Muiñeira del Espantallo, baile de culto al sol, al agua, a las buenas cosechas y al espantapájaros por proteger los sembrados. Las romerías eran todo un emotivo y bello espectáculo donde la añoranza encontraba caldo de cultivo. Los músicos gallegos vestían los trajes típicos de Galicia y con visible deleite tocaban la gaita, el bombo, el tamboril y la pandereta. Las mozas llevaban trajes característicos: blusas blancas, faldas rojas, medias caladas, mandil de paño corto o largo, chaleco, dengue negro y zapato o zuecos negros.

Con la disolución del Centro Gallego y la reducción de la colonia, desaparecieron las romerías de La Tropical y La Polar. No obstante, las sociedades culturales gallegas continúan manteniendo la enseñanza de la música y bailes de Galicia, una de ellas es la *Rosalía de Castro*, donde existe la célebre escuela de baile y el conjunto folclórico *Aires Galegos da Habana*, dirigidos por Carmen Luisa Bajo, hija y nieta de gallegos.

Carmen Luisa Bajo, directora de la escuela de baile Rosalía de Castro y gaiteros cubanos de ascendencia gallega.

La colonia gallega de Cuba por voluntad propia sufrió un significativo éxodo a partir de 1965, cuando fueron intervenidos por el gobierno revolucionario los negocios grandes y pequeños de los dueños cubanos y extranjeros en general. Mientras, centenares de galicianos, que prefirieron quedarse en la Isla, unieron sus esfuerzos junto con los cubanos en la construcción del sistema socialista.

En 1991 fue fundada la Federación de Sociedades Gallegas de Cuba y sus Descendientes, pero el desarrollo de la institución exigió una estructura más novedosa y en el 2001 nació la actual Federación de Sociedades Gallegas de Cuba, lo que originó el fortalecimiento y reestructuración más funcional de las 49 sociedades existentes, ubicadas en el primer piso del otrora palacio del Centro Gallego, hoy Gran Teatro de La Habana, en Prado, entre San José y San Rafael. También en 1991 en el mismo sitio, fue creada la Oficina Administradora de la Xunta de Galicia para contribuir a una mejor y directa atención a la colonia gallega residente en la Isla. Asimismo, en el Cementerio de Colón, 44 panteones pertenecen a las sociedades gallegas.

Unos 700 galicianos viven hoy en la Isla, la mayoría reside en La Habana, y de ellos más de 500 son mujeres. La colonia gallega de Cuba se compone de unas 700 personas que frisan o sobrepasan los 65 años de edad y con más de 80 se registran alrededor de 300, la mayoría son mujeres

La nueva generación nacida en la Isla mantiene las raíces gallegas con una activa participación en las diez sociedades culturales donde además de aprender la lengua gallega, adquieren conocimientos sobre la historia de Galicia, su costumbres, tradiciones y folclor, especialmente relacionado con el baile y la música. Por otra parte, la Cátedra Gallega de la Universidad de La Habana abre las puertas al conocimiento sobre Galicia a decenas de estudiantes, entre quienes resalta una fuerte presencia femenina.

Asimismo, la colonia gallega a través de las respectivas sociedades, asiste con frecuencia a las celebraciones de fechas de gran significación histórica, social, cultural y política para el pueblo galiciano, sin dejar de adorar a Santiago Apóstol, patrón de Galicia, a cuyo santo jamás ha dejado de dedicarle misa y festejos especiales cada 25 de julio.

La Sociedad Unión Orensana que abarca a numerosas asociadas continúa celebrando la Fiesta de la castaña, cada agosto en los jardines de La Tropical, con bailes y música del folclor galiciano. Por otro lado, el Día de las Letras Gallegas en Cuba cada año es celebrado con una larga jornada de actividades culturales, que en el 2007 tuvo como figura homenajeada a la poetisa María Meriño. Precisamente el Día de las Letras Gallegas fue instaurado al cumplirse cien años de haber sido publicada en La Habana el famoso poemario Follas Novas, de Rosalía de Castro.

De Follas Novas, cada cierto número de testimonios hay insertada una parte de las cinco que componen el poema *Pra Habana*. Asimismo, entre uno y otro testimonio aparecen fragmentos de *Cantares Gallegos* y todos los títulos de las testimoniantes se acompañan con versos de la gran poetisa de España, Rosalía de Castro.

En la memoria también aparece sin olvido la gallega que se quedó en su aldea; admirable hija de Galicia que sufrió, pasó penuria y trabajó tanto como la emigrada. Ella se encargó de las duras tareas del campo cuando los varones partieron hacia La Habana y se encorvó ante la yunta de vacas *marelas* y el arado. Cortó el trigo con la hoz o se hizo experta en la pesca, mientras terminaba de criar al rapaz, sin abandonar la jornada hogareña. Cansada y sin lamentos regresaba al filo de la noche al humilde hogar, encendía el candil de luz brillante y preparaba el caldo con grelos, en el único caldero que colocaba sobre dos piedras a manera de fogón. De su mente y corazón nunca apartó la utopía de ver un día regresar al hijo, al marido, al hermano.

La emigración fue tan difícil para las mujeres que emigraron como para las que se quedaron en las aldeas de Galicia.

La autora.

ÍNDICE

ANGELA ORAMAS CAMERO

Pra a Habana!

I Parte

Vendéronll' os bois,
vendéronll' as vacas,
o pote d' o caldo
y a manta d' a cama.

Vendéronll' ó carro
y as leiras que tiña
deixárono soyo
c' o 'a roupa vestida.

"María, eu son mozo,
pedir non m' é dado,
eu vou pol-o mundo
pra ver de ganalo.

Galicia está probe,
y á Habana me vou…
Adiós, adiós, prendas
d' o meu corazón!"

II Parte

Cando ninguén os mira
vense rostros nubrados e sombrisos,
homes qu' erran cal sombras voltexantes
por veigas e campios.

Un, enriba d' un cómaro
séntase caviloso e pensativo:

23

outro ó pe d' un carballo queda imóvil,
c' o á vista levantada hasta ó marmurio
d' augua que cai, e eishala xordamente
tristísimos suspiros.

¡Van a deixal-a patria!...
Forzoso, mais supremo sacrificio.
A miseria esta negra en torno d' eles,
¡ay!, ¡y adiant' está o abismo!...

ROSALÍA EN LA HABANA

> *Galicia está probe,*
> *y á Habana me vou...*
> *Adiós, adiós, prendas*
> *d' o meu corazón!*

Rosalía de Castro.

Muchas veces los emigrados soñaron con tener a Rosalía de Castro en las tertulias literarias del *Muy Ilustre Centro Gallego de La Habana* y hasta creyeron escuchar sus pasos, el roce de la larga falda sobre los pisos del salón de actos y el raudal de sus versos inundando el espacio. En la amada Galicia, Rosalía también pensaba en ellos y en el infinito peregrinar del pueblo gallego.

Desde la alborada juvenil y tempranas inspiraciones, Rosalía supo de La Habana y de cómo sus coterráneos acrisolaban la sociedad cubana, mientras ella misma iba insertándose en la memoria, cuando en sus cantares invocaba a la ciudad sagrada de los gallegos emigrados.

> *Dentro d' mes, n' o simiterio imenso*
> *d' 'a Habana ou n' os seus bosques,*
> *ide a ver quó foi d' elos...*
> *¡No' o etern' olvido par sempre dormen!...*
> *¡Probes nais que os criaron,*
> *y as que os agardan amorosas, probes!*

Su segundo libro, *Follas Novas,* fue publicado en La Habana en 1880 por el emigrado gallego Alexandro Chao, en su imprenta y editora *La propaganda Literaria*, vinculada a la Sociedad de Beneficencia Naturales de Galicia. Por su lado, la mencionada institución en 1881 declaró socia de honor a la excelsa poetisa, por lo que, conmovida y en reciprocidad, Rosalía le dedicó su *Follas Novas*. También ostentó tal condición el esposo, Manuel Murguía, así como otros intelectuales residentes o no en la Isla.

Teño un mal que non ten cura,
un mal que nacéu comigo,
y ese mal tan enemigo
levarám' á sepultura.

La triste noticia de la enfermedad de Rosalía conmueve profundamente a los emigrados de la capital cubana. *Eco de Galicia* alerta sobre la situación económica de la familia de la poetisa y promueve la solidaridad de los socios del Centro Gallego. Era 1884. La colonia gallega acuerda girar más de 500 pesos oro *a la dulce cantora y gloria de nuestra tierra natal, Rosalía de Castro de Murguía, postrada en el lecho de dolor y totalmente falta de recursos.* Pero como Rosalía intuía y conocía que la vida de la mayoría de sus paisanos en La Habana no era panacea, tal vez por ello respondió: *Mientras viva mi marido, no necesito de nadie.* Ya para entonces, sintiendo dolores, tristezas y amarguras, se había refugiado en su casa de Padrón.

Recuérdame aquellos cielos,
y aquellas dulces auroras
y aquellas verdes campiñas
y el arrullo de sus tórtolas;
y aquellos lagos, y aquellas
montañas que al cielo tocan,
todas llenas de perfumes,
vestidas de flores todas,
donde Dios abre su mano
y sus tesoros agota;
mas, ¡ay!, como me recuerda

27

también que hay allí quien dobla
en medio de la abundancia
al hambre la frente torva,
no acierto a deciros
si canta o si llora.

La última jornada de la vida, la pasa Rosalía en Padrón, donde buscaba alivio y sosiego para sus dolores físicos y espirituales. *Vin de Santiago a Padrón/ c' un chover que era arroyar*, expresa en *Follas Novas*, mientras explicó en su artículo *Padrón y las inundaciones*, publicado en 1881, que salió de la ciudad *huyendo del eterno clamoreo de las campanas, cuyos ecos, mezclados a los bramidos de las tempestades invernales, parece perseguir con saña los ánimos entristecidos. Huyendo de todo aquello que tiene el don de recrudecer las pasadas amarguras, hemos vuelto una vez más a refugiarnos en la casa solariega, en donde vimos deslizarse tantos días alegres de nuestra infancia y breve juventud.* Y en su casa de Padrón, quizás sintiendo próxima la muerte, también confesó:

Cuando miré de soledad vestida
la senda que el Destino me trazó,
sentí en un punto aniquilar mi vida.

En el prólogo al hermoso libro *En las orillas del Sar*, Manuel Murguía ofrece una conmovedora imagen de la esposa: "Después de todo la vida de una mujer, por muy ilustre que sea, es siempre bien sencilla, la de Rosalía, como la de cuantos se hallan en su caso, se limita a dos fechas: la de su nacimiento y la de su muerte; lo demás sólo importa a los suyos. Nació nuestra escritora en Santiago de Galicia el 21 de febrero de 1837 y falleció en Iria (Padrón) el 15 de julio de 1885. ! Breve existencia en verdad, la muerte la hirió en la plenitud de la vida, cuando libre al fin de los cuidados del para ella dulcísimo yugo de la crianza de sus hijos, podía prometerse un descanso. *Boa te fía quen seus fillos cria*, dice el adagio gallego, y en verdad que nadie podía decirlo como ella, pues todo su amor, todo su cuidado, todos sus afanes puso en la crianza de aquellos hijos de su corazón, quienes no la dejaban momento libre para otra cosa. ¡Santo ministerio, ocupación amorosísima!

"En su indiferencia por los triunfos literarios, nada le importaba que éstos se apagasen. Confiaba, sin embargo, en que no habiendo dicho todavía todo de lo que se sentía capaz, aún podría aprovechar el descanso y quietud que debía llenar sus horas, cuando en la plenitud de sus facultades, dueña de sus "gloriosos empeños", le fuese posible producir y legar a la posteridad los logrados frutos de su genio. No lo quiso el Cielo".

En las orillas del Sar, título de las poesías castellanas, escrito bajo el tormento de sentir el cuerpo llagado por el cáncer, editado en 1884, poco antes de la muerte a los 48 años de edad, Rosalía contó:

Yo, desde mi ventana
que azotan los airados elementos,
regocijada y pensativa escucho
el discorde concierto

simpático a mi alma

Momentos antes de fallecer, Rosalía pidió a sus hijos: Alejandra, Aurea, Gala, Ovidio y Amara, tres deseos: quemen los textos literarios inéditos, entiérrenme en el cementerio de Adina, Iria Flavia, donde reposaban los restos de la madre, y corten un ramo de pensamientos, sus flores favoritas. Agonizando, rogó a su hija Alejandra: *Abre esa ventana que quiero ver el mar.* Luego expiró, eran las 12 del día.

Desde La Habana, los gallegos y gallegas enviaron donaciones para que fuera levantada la estatua de Rosalía en Galicia. En 1917 fue ubicada en el Paseo de la Herradura, Santiago de Compostela, frente al valle de Padrón. Aquella noche se leyó el verso que Manuel Curros Enríquez escribiera en La Habana, dedicado a la gran cantora del pueblo galaico: *A Musa d' os pobos/ que vin pasar eu/ comenta d' os lobos/ comesta morreu/ os osos son d' ela/ que vades gardar./ Ai d' os que levan n' 'a frente unha estrela;/ aid d' os que levan n' o bico un cantar.*

Seis años más tarde, los restos de Rosalía fueron trasladados a la capilla de la Visitación de la iglesia de Santo Domingo, en Santiago de Compostela. En la escritura del proyecto, fechado el 29 de mayo de 1888, se explicó que para llevar a hecho tal propósito, en La Habana fue creada una comisión, presidida por Juan Manuel Espada y Enrique Nóvoa, director del semanario Galicia Moderna, con la misión de recaudar dinero para la construcción del bello monumento funerario, donde en la actualidad se hallan las cenizas de la ilustre literata.

En el fondo del arco del mausoleo una leyenda recuerda que allí descansa en paz la que fue gloria de su patria, Rosalía de Castro de Murguía, cuyo escrito termina: *Dou comenzo a suscripción a Colonia Gallega en Cuba. Polos cuidados da Sociedad Económica de Santiago douxelle cima. Jesús Landeira, fecit. Compostella, año 1891.*

Mientras que en el acta de la exhumación un hecho insólito fue descrito: "Procediendo inmediatamente a la exhumación, sacaron una caja de madera conteniendo otra de zinc, dentro de la cual, habiendo abierto su tapa, se encontró el cadáver de la inolvidable autora de El caballero de las botas azules, apenas desfigurado, con la ropa que le sirve de mortaja bastante conservada, advirtiéndose sobre el pecho de la gloriosa muerta un ramo de pensamientos ligeramente decorados y cual si estuviesen recientemente cortados, que la piadosa mano de su cariñosa hija la señorita Alejandra de Murguía Castro había en él puesto cuando se dio cristiana sepultura a la eximia creadora del libro En las orillas del Sar".

A finales del siglo XIX, circulaba en La Habana el diario *Follas Novas,* título inspirado en el poemario de Rosalía de idéntico nombre, devenido en eco frecuente de los triunfos, angustias y temores de los emigrados en esta capital. Así en sus páginas, con motivo de la intervención norteamericana en la Guerra de Independencia de Cuba, advirtió: "Hemos pasado tan violentamente a ser extranjeros en el mismo territorio que descubrimos, que civilizamos y que fecundamos con el sudor de nuestras frentes (…)

31

Los gallegos no aceptaremos las costumbres y comidas de los yanquis".

De alguna manera ingeniosa, la colonia gallega de La Habana del siglo XX siempre tuvo a Rosalía presente hasta en sus más osados proyectos, así lo demostró el litógrafo y dibujante José Fontenla Leal, el llamado alma más gallega de Cuba, cuando desde la capital cubana impulsó las creaciones del Himno Gallego y la Real Academia de la Lengua Gallega.

Luego Fontenla sugirió que fuera Manuel Murguía, el primer presidente de la citada institución y logrado el prepósito, le envió una carta con el pintor Máximo Ramos, donde le rogó que le ofreciera al artista las características sicológicas de la finada Rosalía de Castro: "Por encargo mío, el portador hará el retrato de Rosalía para que sea colocado en el lugar preferente de la Real Academia Gallega. De esta manera honraremos la memoria del más grande de los poetas gallegos".

Una semana después de haber sido interpretado por primera vez, en el Teatro Nacional del Centro Gallego de La Habana, el Himno Gallego, con letra de Pondal y música de Veiga, el 21 de enero de 1908 quedó fundada la Sociedad Gallega de Declamación *Rosalía de Castro*, que contó con cuatro agrupaciones, en las que los más jóvenes podían aprender a tocar guitarra, bandurria y mandolín; así como canto, declamación y baile. La matrícula se abrió para 94 varones y 28 muchachas. Obras de Rosalía como *Cantares gallegos* y *Follas Novas,* allí eran adquiridas a precio módico.

-*Tara-tatá, tara-tatá.*
Niña cubana, tara tatá,
¡por ti me muero!

En algunos diálogos de la obra *El caballero de las botas azules*, escrita en los comienzos de su producción literaria, Rosalía tiene presente a Cuba, sus danzas y a la forma de bailar de las criollas:

-*Ah mi Cuba... exclama al oír tan dulces sones la criolla, elevando al cielo sus ojos azules (...) ¡Ah! Nunca por más que lo desee; no me es dado a imprimir a esta danza el carácter nacional de mi hermosa Cuba!*

Hacia 1914, los gallegos de La Habana fundaron la Asociación Instructiva de redes y Caamouco, que comprendió el aula *Rosalía de Castro* para la educación de niñas. Años después, el 19 de junio de 1945, la Sociedad Cultural *Rosalía de Castro*, ubicada en la casona que ocupó el Marqués de Villalba y luego, el Conde Barreto, radicada en la calle Egido, entre Monte y Dragones. En la actualidad, en la *Rosalía de Castro* existe una escuela de baile, con más de 350 alumnas y el conjunto de folclor gallego *Aires galegos na Habana.* Sus funciones artísticas son presentadas en prestigiosos escenarios como en el Festival de la Huella de España y en la jornada dedicada a las Letras Gallegas. A la entrada del edificio, el visitante lo primero que percibe es una efigie de Rosalía de Castro, junto con el escudo de Galicia y una lira.

Asimismo, en el pequeño local de la Sociedad de Ferrol y su Comarca, ubicada en el edificio del otrora Centro Gallego de La Habana, aún se conserva el afiche con vivos colores de la Sociedad Iniciadora y Protectora de la Real Academia de la Lengua Gallega, en cuyo centro se destaca la figura pintada de Rosalía de Castro. Debajo de la efigie se anuncia una función artística en el Teatro Nacional y la invitación para la colonia gallega.

Junto con Eduardo Pondal, Curros Enríquez, Rosalía de Castro representa una de las figuras más descollantes del renacimiento literario galaico del siglo XIX, puramente lírico, como atestiguan los estudiosos. Es Rosalía la voz femenina y cristiana del pueblo humilde gallego, siempre con su poesía atenta a los dolores de Galicia. Escribió versos profundamente estremecedores cuando oyó el lamento de las aldeas que se iban quedando desoladas por tanto éxodo de los labradores hacia América.

> *Este vaise y aquél vaise,*
> *e todos, todos se van;*
> *Galicia, sin homes quedas*
> *que te poidan traballar*

Un biógrafo la llama luz de luna otoñal que se refleja en el lago de las rías en noches serenas, para cantar en la playa el dolor y la ausencia del emigrante gallego.

Oigo el toque sonoro que entonces
a mi lecho a llamarme venía
con sus ecos, que el alba anunciaban;
mientras cual dulce caricia
un rayo de sol dorado
alumbraba mi estancia tranquila.

En simple hojeada a la prensa que los gallegos fundaron en La Habana, más de 70 periódicos y revistas, es posible apreciar de cómo la obra y la propia Rosalía de Castro estuvieron presentes en la pluma de ilustres periodistas y escritores, entre quienes se destacan Curros Enríquez, Álvarez Insúa, José Novo y García. Asimismo citamos el estudio publicado en el periódico *El Mundo*, de J. Luz León, mientras que por su lado, el catedrático de Literatura del Instituto de La Habana, Juan J. Ramos, pronunció en el Centro Gallego el discurso titulado *Rosalía de Castro*, el 28 de febrero de 1924.

Rosalía siempre estuvo y estará venerada en La Habana. Entre sus más hermosos versos y cantares, ella recordó a los gallegos y gallegas de la capital cubana, donde fueron acogidas con verdadero entusiasmo todas sus obras como *Cantares Gallegos*, 1863, en los que fundió los cantares populares con los suyos y el alma de su amada Galicia; *Follas Novas*, 1880, devenida en su testamento literario, y *En las orillas del Sar*, 1884, donde le cantó a la decadencia y a los desengaños propios y de todas las vidas humanas. En las tres, desborda su alma de excelsa poetisa, sin apartar a la nostalgia tan característica de la raza gallega.

Me deslicé cual corza fugitiva,
siempre andando al azar, con aquel paso
errante del que busca en donde puede
de sí arrojar el peso de la vida.

Poetas y escritores, estudiosos y biógrafos la distinguen precursora de nuevas formas en la poesía y encarnación del alma popular de Galicia. Otros la llaman espejo de Galicia. Ella fue todo amor para su pueblo y reservorio de añoranzas, alegrías y sufrimientos galaicos. No hay dudas, Rosalía fue tocada por un halo de oro en la letra universal, mientras se convertía en rosa y espina dorsal del resurgimiento gallego del siglo XIX.

Así, entre las numerosas personalidades del mundo de las letras que han emitido sus juicios sobre la obra de Rosalía de Castro se encuentran: Ramón Otero Pedrayo, Azorín, Silvanus Griswold Moreley, Emilia Pardo Bazán, Mariano del Val, Sofía Casanova, Eugenio Carré Aldao, Miguel de Unamuno, Francisca Herrera Garrido, Juana de Irbarbourou, César Barcja, y V. García Martí.

Sus amigos y conocidos la reconocieron mujer sensitiva y melancólica, afable y enérgica ante la injusticia, de mirada apasionada, tierna; enemiga del brillo y la vanidad; algo triste, aunque dada al humor. La siguen llamando encarnación del alma popular y de los dolores históricos de Galicia. Una vez, ausente de Galicia, ella confesó:

36

Morrendo de soidades
toda a chorar me matéi...

María Rosalía Rita de Castro nació el 24 de febrero de 1837, una noche de lluvia invernal en Santiago de Compostela, bautizada poco después en la capilla del Hospital Real de la Caridad, hija de padre incógnito y de doña Teresa de Castro Abadía. Su madrina, María Francisca Martínez la crió durante diez años hasta que la entregara a doña Teresa. A partir de ese momento, la madre amorosamente cuidó de Rosalía en el propio hogar de Padrón o Iria Flavia.

¡Cuán hermosa es tu vega! ¡Oh Padrón!
¡Oh Iria Flavia! ;
mas el calor, la vida juvenil y la savia
que extraje de tu seno,
como el sediento niño el dulce jugo extrae
del pecho blanco y lleno,
de mi existencia oscura en el torrente
amargo
pasaron, cual barriadas por la inconstan-
cia ciega,
una visión de armiño, una ilusión querida,
un suspiro de amor.

Padrón es una villa de la provincia de La Coruña, a unos veinte kilómetros de Santiago, serpenteada por los ríos Ulla y Sar. En esa tierra gallega se dice que por el lugar conocido como el Arsenal de la Barca, arribó la barca de piedra que condujo el cuerpo del santo Apóstol, sepultado en la vetusta catedral de Compostela.

N' esta terra tal encanto
se respira!... triste o probe,
rico ou farto de querbanto
s' encariña n' ela tanto...!

El apellido de Rosalía, Castro resulta de gran significación histórica, ostentado por mujeres que pasan con gran relieve a la memoria galaicoportuguesa: Inés de Castro, condesa de Altamira, escritora bilingüe del siglo XVI y Juana de Castro. Otras dos mujeres llevarían el ilustre apellido: Isabel de Castro, quien en su época simbolizó la llamada protesta de Galicia y Rosalía de Castro, que a través de la literatura encarnó el renacimiento de la vida regional.

La ausencia en el hogar de la figura paterna afectó a Rosalía desde su precoz niñez. Se presume que la excelsa poetisa era hija de un seminarista, quien por dificultades económicas no pudo casarse con doña Teresa y se hizo sacerdote. En la madre, Rosalía volcó con toda fuerza el afecto filial. A ella le dedicó el librito, de 50 ejemplares, titulado *A mi madre*, donde describe el dolor de hija, tras la muerte de la progenitora.

¡Qué triste se ha vuelto el mundo!
¡Qué triste lo encuentro yo!

Rosalía era alta, delgada, con senos prominentes y de hermosa y abundante cabellera castaña. Su boca era grande y la dentadura impecable.

Tenía los ojos pardos y los pómulos abultados. Era tierna y en ocasiones simpática y en otras, melancólica.

Aprendió idioma francés y fue aventajada en el dibujo, especialmente dominó la técnica del retrato. Podía tocar varios instrumentos musicales, sobre todo el piano, pues tenía condiciones excepcionales para la música. Se afirma que con gracia interpretaba canciones populares. Murguía aseguraba que si Rosalía se hubiera dedicado a la música pudo haber sido tan buena compositora como fue buena poeta. Por su lado, los biógrafos han señalado su vocación para el teatro y en particular destacan la facilidad para declamar. Se inició en las letras a los once años, cuando comenzó la producción de los versos.

Otros estudiosos han dicho que era una mujer de gran simpatía, voz dulce y de trato afable y sencillo. Fuerte y enérgica ante la injusticia, así como para afrontar el dolor de su pueblo y el propio. Junto con Murguía, pudo visitar gran parte de la Península hasta que enfermó de cáncer en el útero y ya no pudo acompañarlo ni siquiera en los paseos por Santiago o La Coruña. En las biografías apenas hay referencia a la presunta infelicidad matrimonial, mientras ella esbozó delicadas amarguras en las epístolas cruzadas con el esposo.

Sí: estoy de un humor sombrío, y puede que lo estuviese del mismo modo aun cuando no tuviese motivos para ello. Estando lejos de ti vuelvo a recobrar fácilmente la aspereza de mi carácter que tus templas admirablemente, y eso que a veces me haces rabiar como cuando te da por estar fuera de casa desde que amanece hasta que te vas a la cama, lo mismo que si en tu casa te mortificasen con cilicios. Entonces, lo confieso, me pongo triste en mi interior y hago reflexiones harto filosóficas respecto a las realidades de los maridos y a la inestabilidad de los sentimientos humanos. Pero a pesar de todo esto, te quiero mucho y te perdono todo fácilmente, hasta que te gusten otras mujeres, lo cual es mucho hacer.

La primera vez que Rosalía viajó a Madrid fue con la misión de resolver en la corte un asunto que afectaba a la familia y es cuando publica su primer libro *La flor*, dedicado a la madre. Y en esta capital, se casó Rosalía, a los 19 años de edad, con Manuel Murguía, el 10 de octubre de 1858. En el templo San Idelfonso fue celebrada la ceremonia nupcial de los jóvenes, cuyas estaturas contrastaban, él pequeño y ella, alta. Entre la fecha del matrimonio y la muerte de Rosalía pasaron veintiocho años y en ese lapso, ella produjo toda su obra literaria y tuvo seis hijos.

De la mano del culto Murguía, la joven poetisa frecuentó teatros, museos y tertulias literarias. También conoció grandes literatos de la época, entre quienes se halló la célebre poetisa cubana, Gertrudis Gómez de Avellaneda. No obstante, Rosalía pronto prefirió alejarse de aquel mundo que a veces la agobiaba y se refugió en su hogar donde podía ofrecerle riendas sueltas a la musa

poética y compartir con excelencia los deberes de
madre y esposa sin afectar el intenso quehacer
literario que la caracterizó

En su tiempo libre de labores domésticos, leía
a Heine, Byron, Poe, Hoffmann, Walter Scott y
Jorge Sand. Gustaba de tocar el piano y obser-
var a través de las ventanas la naturaleza que
rodeaba su casa. Disfrutaba con delirio escribir
versos.

Y la ardiente pasión, sustituyendo
a una fría memoria,
sentí con fuerza, el corazón latiendo
por una nueva gloria.

Cantaban os grilos,
os galos cantaban,
o vento antr' as follas
runxindo pasaba.

Campaban os prados,
manaban as fontes
antr' erbas e viñas,
figueiras e robres…

(Cantares Gallegos)

MARUJA, CUENTA UNA TRISTE HISTORIA

Suelto el ropaje y la melena al viento
cual se agrupan en torno de la luna...
locas en inocente movimiento,
remedan el vaivén de la fortuna.

Maruja Rama en Galicia con la madre y hermanos.

Cala boca Mariquiña, me decía mamá cuando yo lloraba hasta que una amiga del trabajo le dijo: cámbiale a la niña el nombre por otro más bonito, ponle Maruja y desde los 22 meses de nacida me llaman así. Mi madre se llamaba María Rosa y ella soñó con ser escritora para contar su triste historia.

Yo guardo en mi memoria clarito todo, pero lo que más me duele recordar fue el día de mi salida de la aldea de Lariño. Una tía me había mandado a buscar para que la ayudara con el trabajo doméstico en su casa de La Habana y el día de la partida, 19 de septiembre de 1956, lloré mucho aferrada a la baranda de la entrada a mi humilde casa; no quería dejar a mi madre luchando sola por el sustento de mis 5 hermanitos y una hermana de ella muy enferma, ya mi padre había fallecido y también una de las niñas gemelas

A los ocho años de edad comencé a trabajar sacando arena gorda del río, por eso nunca supe de juegos ni de muñecas y sí mucho de penurias y tristezas. Hubo noches que nos acostamos sin haber comido, no había y una papa o berza que llevarse al estómago. Mamá nos ilusionaba hirviendo agua y decía este caldo quita el frío y mata el hambre.

Por la ventanilla del tren, que me conducía al puerto de Vigo donde me embarcaría para Cuba en el trasatlántico "Santa María", veía a mi madre corriendo por los raíles, gritaba mi nombre, se lamentaba y lloraba al mismo tiempo. No podía aceptar nuestra separación porque intuía que sería para siempre. Aunque he vivido más tiempo en La Habana que en Galicia, y la visité varias veces en el siglo pasado, ni ella ni yo jamás pudimos sacarnos del corazón la espina de la emigración.

En medio de todo lo duro que fue la separación, ella tuvo la suerte de recibir mis cartas, porque yo en La Habana me alfabeticé, mientras muchos paisanos no pudieron aprender a leer y escribir y por eso nunca se comunicaron con sus familias. Con el tiempo hasta perdieron la esperanza de intercambiar las noticias de uno y otro lado del charco.

El "Santa María" fondeó en el puerto de la capital cubana el 3 de octubre de 1956, demoró mucho en llegar a La Habana porque antes hizo escala en cuatro países, uno fue Venezuela y en Caracas me retraté delante de la estatua de Bolívar. Junto al muelle de Luz me esperó la tía Dominga, y, sin reparar en mi cansancio, en cuanto entramos en su casa me entregó un baúl de ropa sucia y dijo: Quiero todo lavado y planchado antes que llegue la noche. Pero esta es mi historia en Cuba que continuaré cuando termine con la de mi madre en Galicia.

Nací en plena guerra civil de España, una noche de insoportable frío y copiosa lluvia, el 23 de diciembre de 1938, pocos meses después de haberse casado mis padres, Manuel y María Rosa, en la pequeña iglesia de Lariño que tiene tres torres, una grande en el medio y dos chicas a los lados, donde yo fui bautizada con el nombre y apellidos: María Rama Lauro, así me lo contaron mis padres. Ellos eran de las aldeas de la Coruña; mamá de Muros de San Pedro y papá de Carmota. Habían nacido el mismo día, mes y año: 10 de octubre de 1911, y casi a la misma hora, ella a las 11 y 45 y él a las 11 y 50.

También me contaron que no hubo ni una gallina para hacerle un caldo sustancioso a mi madre después del parto ¡Lariño era tan pobre! No tenía carreteras, sino caminos de a pie. Los pasos de las vacas y carretones por esos trillos, casi siempre enfangados, los hacían intransitables, por lo que a mi aldea apenas llegaban cosas de la civilización. Qué más daba que trajeran algo de la ciudad...pues en ocasiones tampoco teníamos dinero para comprar el único pan redondo y chiquito, mal elaborado, que asignaban a cada núcleo familiar.

En Galicia el invierno crudo dura diez meses y la primavera se diluye entre nieblas y lluvias persistentes, el cielo siempre es plomizo. No había luz eléctrica y se cocinaba con leña que traíamos del monte, la recogíamos mientras subíamos la montaña y a veces la encontrábamos a más de diez kilómetros de casa. La primera bombilla de luz eléctrica la tuvimos en 1947 cuando mi madre la compró con el dinero de unos pescados que había vendido. Recuerdo que ella la puso en el centro de un pasillo, ubicado entre las cuatro habitaciones de la casa y de esta manera, aunque muy tenue, la luz penetraba en los cuartos.

En los bajos se encontraban las dos cuadras, en una dormía la vaca Loura, propiedad a medias de mi mamá, porque al que había sido su dueño teníamos que darle la mitad de los litros de leche del ordeño. Como la vaca era blanca con pintas negras, mamá le quiso poner Suiza, pero el dueño dijo que se llamaba igual que él, Loura, un nombre tomado del propio caserío montañés donde moraba este aldeano. En la otra cuadra estaban Paloma y Periquiñá, las chivas que yo ordeñaba en la mañana y al atardecer. Como yo

48

era la mayor de los 7 hermanos y ya tenía 8 años, me tocaba pastorear a los animales muy lejos de la casa, donde a veces me estremecía de pánico cuando oía el aullido de los lobos muy cerca.

Mi madre si estaba acostumbrada a las soledades de la montaña y a ver como trepaban los lobos por sus laderas. Todos los días recorría más de 60 kilómetros, montaña arriba, con una cesta de pescados sobre la cabeza que vendía en los caseríos de la cima y del otro lado de la empinada loma. Se iba muy temprano en la mañana y a veces regresaba en la madrugada, muerta de cansancio pero sin que se le escapara una queja. Mis hermanitos quedaban bajo el cuidado de mi padre que nunca supo cambiar un pañal, por eso ella los encontraba casi siempre encharcados en orine. Por esta situación y porque a mi padre le gustaba beber el aguardiente caña y se pasaba de tragos, ellos discutían y mucho; llegaron a separarse por un tiempo.

--¿Por qué choras miña hermosa? Le pregunto un aldeano a mi madre cuando la encontró sentada en un escampado del monte, con la canasta tirada lejos y los productos fuera de ella y desparramados, los que había acabo de cambiar por pescados. Ella respondió:

--Ay señor por que ayer perdí un hijo de meses y yo soy la culpable de su muerte. Lo dejé solito y me fui al huerto a buscar grelos para hacer un caldo de almuerzo; cuando viré me lo encontré ahogado, con la sabanita enredada en su cuello. La consoló el buen hombre y ella más calmada regresó a nuestra casa.

Otro día en una de las viviendas de la montaña,

49

un perro mordió a mi madre en el tobillo y ella estaba embarazada, pidió al dueño que lo llevara a revisar con el veterinario para ver si tenía rabia. Pero este no hizo nada y hasta fue grosero con ella. Acompañado de un policía mi padre se apareció en el hogar del campesino y le cortó la cabeza al perro para llevarla a examinar. Por suerte para mamá, el animal no tenía enfermedad alguna.

Por poco se muere la vez que los gitanos me robaron del parque y me escondieron en los cantones de la Coruña. Uno tenía nueve años y el otro once y cuando llegaron a la carreta gitana estacionada en las afueras de la ciudad, discutieron mucho entre ellos porque cada uno quería quedarse con la niña blanca de tirabuzones rubios. Mi familia pasó 24 horas desesperada, buscándome por todos los rincones de la ciudad, hasta que el abuelo tuvo la premonición de que los gitanos le habían robado a su Mariquiña, yo era la niña de sus ojos.

Mi padre y abuelo paterno tenían fama de ser magníficos carpintero ebanistas, pero la gente no tenía dinero para la comida ¿cómo iban a comprar muebles? Por eso papá pescaba y había días que regresaba con muchos pulpos, mariscos y pescados grandes como el congrio que es negro y largo. En ocasiones, también capturaba los grandes cangrejos centallos. Los mejores puntos de pesca estaban en Punta Inzua, Arca, Aparronca, Trasdarca, Roposeiros y Lago. Mi madre se encargaba de vender aquellos productos del mar. Subía la loma con aquel peso lo mismo con

lluvia que frío. No sé cómo pudo la infeliz trabajar y sufrir tanto. Soy madre –me decía- y una
madre tiene fuerza para hacer de todo por sus
hijos.

De noche nos llevaba a moler granos de maíz al
molino del río, nos habríamos paso con la luz de
un candil, y para que nosotros no sintiéramos
sueño o miedo, ella se ponía a cantar:

Dónde vas Alfonso Doce,
dónde vas triste de ti.
Voy en busca de Mercedes
que ayer tarde la perdí

Merceditas está muerta,
muerta que yo bien la ví.
La llevaban cuatro duques
por las calles de Madrid.

El vestido que llevaba era de color carmín.
Los zapatos que llevaba eran de lindo charol,
regalados por Alfonso el día que se casó.

Lo más duro estaba por suceder tras la muerte
de mi padre en 1944. Los hermanos nos íbamos
para la playa a recoger algas y mariscos. Pasábamos horas metidos hasta el pecho en las hela-
das aguas. Mamá se iba a recorrer las aldeas
próximas con una máquina de manigueta a la
cabeza. Ella sabía coser y bordar de maravilla,
pero la costura daba para poca plata, así que yo
busqué trabajo en las fábricas de pescados de
Lariño. Descalza unas veces y otras con los suecos caminaba diariamente unos 20 kilómetros.

Yo estaba consciente que era menor de edad y para ganarme la confianza y el respeto del dueño, debía trabajar como una mula de carga y sin protestar. No podía perder aquel empleo por nada del mundo, representaba alimentar a siete seres queridos. Me pagaban una miseria por la jornada de casi 18 horas, una peseta o 6 reales.

Dentro de la fábrica de pescado me movía con los pies mojados, morados por el frío. Cuando no había trabajo, iba para la construcción de la carretera, dando pico y pala como cualquier hombre. Es el tramo de 80 kilómetros que va de Muro de San Pedro a Buena Vista. A la sazón yo había cumplido 14 años. También me mandaban a triturar piedras con un martillo que apenas podía levantar porque era muy pesado o subía la montaña para desde lo alto rodar grandes pedruscos, que luego se transportaban en camión hasta las máquinas trituradoras. Sobre el camino de piedras finalmente se echaba el asfalto. El almuerzo consistía en un caldo con una papa hervida, nada más. Te quedabas con hambre.

No quiero acordarme de aquel trabajo que nunca fue detenido ni por fuertes aguaceros ni por frío que te calaba los huesos. Todo lo que recuerdo de mi infancia y adolescencia en Galicia es muy doloroso. Vi sufrir hasta el delirio a mi madre que era tan delgadita como yo de tanto caminar y hambre que pasamos. La vi trabajar bestialmente y sin darse cuenta se le fueron agotando las fuerzas a medida que envejecía. Pero lo que recuerdo con mayor tristeza fue el día que me embarqué en el puerto de Vigo, al pensar que la dejaba de momento sin mi ayuda económica y con mis hermanos pequeños.

Los primeros tiempos en La Habana tampoco fueron halagüeños. Mi tía Dominga tenía en el portal de la casa la florería La Acacia, muy cerca del cementerio de Colón. A los pocos días de la llegada supe para qué me había pedido a mi madre: para convertirme en su sirvienta. Si la contradecía o me quejaba por cansancio y no podía hacer una tarea, ella me lanzaba un cubo de agua e improperios y me pegaba cachetadas, hasta que me botó. Una amiga me llevó a trabajar, estudiar y vivir a la Escuela de Instrucción Revolucionaria Conrado Benítez, en el año 1962.

Apenas con 17 años, Maruja emigró hacía La Habana.

Una tarde me visitó un gallego emigrado como yo, Germán Lorenzo. Nos habíamos conocido en el muelle, el día que llegué a Cuba. Al principio nos unió una entrañable amistad. Él estaba integrado al proceso de la Revolución, había estudiado Ciencias Sociales y tenía un cargo de dirección en el Ministerio de Transporte. Un año después, nos casamos.

Mi matrimonio de 35 años ha sido muy feliz, pese a que no logramos tener un hijo. En 1997 fuimos a pasar unas vacaciones con mi madre

ANGELA ORAMAS CAMERO

que siguió residiendo en la aldea de Lariño, en la misma casa que fui criada. Todos los días Germán caminaba hasta la costa ¿quién sabe cuántos recuerdos afloraban en su mente? mientras oteaba el horizonte marino.

Días antes de regresar a La Habana, a mi esposo le dio un infarto masivo. Lo enterramos en el cementerio que está a un kilómetro de mi casa, yo quedé como loca de angustia, dolor y confusión, no sabía si quedarme en Galicia o regresar a Cuba. Sobre su tumba deposité cuanta flor fui capaz de hallar:

Mi patria chica es Galicia y también esta calle de Nuevo Vedado, donde vivo hace 50 años y todos los vecinos me quieren como si yo fuera familia de ellos. En esta casa Germán y yo construimos un refugio de dicha y paz. Por eso trato de mantener nuestro hogar como si él estuviera vivo. Abro todas las ventanas y puertas para que penetre a raudal la luz solar y la brisa, cuido del jardín como siempre lo hice; los pisos seguirán relucientes y los jarrones llenos de flores frescas. Me resisto a la idea de que ya no me acompaña, por eso quizás trato de continuar mi vida con las mismas costumbres cotidianas de los dos, gallegas y cubanas.

Adiós rios, adiós fontes,
adiós regatos pequenos
adiós vista dos meus ollos,
non sei cándo nos veremos.

(Cantares gallegos)

MARÍA ERMITA, HIJA DE ALBAÑAS

Mas nunca nos asombra que trine o cante el ave
ni que eterna repita sus murmullos el agua;
canta, pues, ¡oh poeta!, canta, que no eres menos
que el ave y el arroyo que en ondas se desata.

María Ermita Calo Cuns

Del viejo buque alemán descendió Elvira con

María Ermita Calo Cuns, de nueve años de edad. Francisco había salido al encuentro en la lancha que los trasladaría al Muelle de Luz del puerto habanero. Era el 25 de diciembre de 1925.

¡Mujer, la niña está temblando y volada en fiebre!, dijo el padre en cuanto cargó a la pequeña que durante el viaje, de Galicia a La Habana, había enfermado de sarampión. Cuando Francisco decidió emigrar, su primogénita tenía apenas unos meses de nacida. El tiempo había pasado a un ritmo vertiginoso, eso también pensaba la buena gallega, de expresión endurecida en el rostro por el mucho batallar en el campo para dar de comer a la niña.

Apenas los tres traspasaron el umbral de la aduana, la niña que continuaba desfallecida en los brazos de Francisco levantó su cabeza y miró con ojos asombrados el paisaje de la capital de los cubanos. Casas como estas con dos y tres piso, que más bien parecían palacios de duques y marqueses de la antigüedad nunca vio en la empobrecida aldea de Albañas, de La Coruña, donde pasó todos estos años a partir del nacimiento, el primero de noviembre de 1916.

No imaginó María Ermita el destino que estaba por escribir en la Isla y que un día en su casa de la Habana Vieja, ya longeva con 90 años, contaría los hitos de su historia para ser estampados en un libro. Hasta Cucha, la vaca que dormía debajo de los pilares de la rústica casa de piedra, no había desaparecido de la memoria.

Todos los días me levantaba muy temprano

58

para ir a pie a la escuela que quedaba como a tres kilómetros de mi casa y después al regreso, yo me encargaba de llevar a Cucha al monte, para que comiera yerbas, castañas y otras semillas; pero cuando caían granizos o hacía tanto frío que el monte se ponía blanco, todo nevado, entonces le daba los pastos que guardábamos en sacos para la llegada del invierno. Era una vaquita de color amarillo oscuro, pintada de mostaza, decía burlona una vecina, mansa y buena lechera.

Francisca, la madre cariñosa y de trato dulce, se pasaba el día arando la tierra del patrón que le pagaba un miserable sueldo. Su esposo no le podía enviar dinero porque tampoco él ganaba lo suficiente como *zapatero remendón, el empleo al que se dedicó mi padre en Cuba hasta su muerte.*

El día de asueto era esperado con gran ansiedad por la madre y la hija, porque era el único paseo que ambas realizaban cada semana. No importaba los tres kilómetros que debían recorrer por el sendero zigzagueante, entre zorzales y piedras, mientras escuchan los trinos de las aves. Se permitían un breve descanso en el recodo allende al arroyo, para beber del agua cristalina. Si amanecía con lluvia, suceso muy característico de toda Galicia, el camino se volvía intransitable por el fango y el paseo se aplazaba para otro día.

Mi madre trabajaba demasiado y jamás se

quejó. *Los domingos íbamos a la iglesia del pueblo y ella aprovechaba para llevar a vender en el mercado las legumbres y frutas que sembraba en el patio de la casa. Aquella canasta pesaba mucho...yo no sé de dónde sacaba tanta fuerza. Los vestidos de las dos, de tanto uso, estaban desteñidos, pero eso sí: limpios y remendados y los suecos, que tenían las suelas de madera, los exhibíamos por las calles sin una manchita de fango, muy limpios... porque mamá era pulcra, le gustaba tener las cosas ordenadas y bien lavadas. Aquí en La Habana tuvo fama de buena lavandera. Lavó ropa de muchas familias y luego pasaba todo un día planchando aquellos bultos que ni un chivo los podía brincar, eran ¡así de grandes!*

La casa de piedra estaba en medio de una parcela que Elvira cuidaba de tenerla sembrada de vegetales, una parte de esa cosecha la vendía en el pueblo. También crecían en el patio árboles de manzanas, peras y una planta de uvas moradas. Sobre dos piedras, a manera de fogón, ella colocaba el caldero que colgaba del techo sujeto con cadenas por ambas asas y mientras cocinaba le hablaba a su hija de su más caro sueño: reunirse con Francisco y abandonar aquella vida de miseria. Todos los días preparaba lo mismo, caldo con berza, papas y a veces, le echaba un trozo de carne de puerco.

No, yo no guardo buenos recuerdos de mi niñez en Galicia, tal vez por eso nunca añoré regresar.

Es triste, ahora que todo lo veo muy clarito, sa-car de aquí dentro la pena que me daba ver a mi madre trabajar tanto... Por eso tampoco a ella nunca la oí decir ¡cómo extraño el terruño! Y eso no quiere decir que una deje de querer a la terra nai y que se acuerde de momentos de cierto re-gocijo, como cuando al finalizar la misa el cura nos invitaba a una fiesta de folclor y los jóvenes bailaban jota y otros bailes típicos de España.

En la primera mitad del siglo XX, Galicia sufrió una de las más grandes emigraciones de toda su historia, con motivo –sobre todo- del gran atraso y pobreza que la tipificaba. Primero comenzó el éxodo masculino. Muchas madres jamás volvie-ron a reencontrarse con los hijos. Aunque en me-nor cifra, después se inició la emigración signifi-cativa también de las mujeres. Las aldeas poco a poco se fueron quedando muy desoladas, ofre-ciendo un triste panorama de abandono. Fami-lias enteras quedaron para siempre dañadas por la emigración, en el peor de los casos separadas por el inmenso *charco*, entre dos continentes.

Ninguno de los tres volvimos a Galicia, ni si-quiera una vez de visita. Todo lo que papá aho-rraba se iba en pagar el alquiler del cuarto que ocupábamos en un solar de Vía Blanca, en com-prar los alimentos y guardar un dinerito por si se presentaba una enfermedad y había que com-prar medicinas.

El cuarto donde vivieron al principio, se encontraba al fondo de la Quinta La Covadonga, propiedad de la comunidad Canaria, en las inmediaciones del Cerro y próximo a Vía Blanca. Poco después se mudaron para otro solar, en la calle Agua Dulce, frente a la fábrica de helados Guarina, donde la madre fue nombrada encargada, sin dejar de lavar y planchar pantalones, camisas y otras piezas de 18 hombres. Aquí vivió esta familia gallega 18 años.

A la escuela fui hasta el grado cinco y pasé mis apuros con el idioma español, yo nada más hablaba el gallego, pero todo en la vida es proponérselo y vencí esta dificultad. Un día la maestra que tenía en segundo grado, que era muy flaca, me regañó porque yo frotaba los dedos contra la piel de una negrita y luego los pasaba por mi brazo, para ver si me teñía de su color. La maestra me preguntó si en Galicia no había negros y me castigó por discriminar. Yo era muy inocente y desde entonces llevo este complejo de culpabilidad.

Muy jovencita comencé a trabajar de sirvienta en la casa de una familia alemana, me pagaban 5 pesos al mes. Todos los días, cuando me iba para mi trabajo pasaba frente al Bar Galicia que estaba en la esquina del solar de Vía Blanca. En ese bar trabajaba como dependiente mi esposo. Nosotros fuimos novios dos meses y fijamos la fecha del matrimonio para el 24 de abril de 1947.

Tanto él como los dueños de este establecimiento, que ya no existe porque se derrumbó, eran también como mi familia, gallegos. ¡Cómo vivían gallegos en Cuba por aquella época! En la bodega que comprábamos los mandados, el tío y el sobrín habían venido a principio del siglo pasado

María Ermita se convirtió en una joven distinguida por el trato educado, siempre muy apegada a los padres. No concebía vivir lejos de ellos y por eso cuando se casó, alquiló un cuarto junto al de los padres.

Nosotros abrimos una puerta en la pared colindante con la habitación ocupada por mis padres; así, a la hora de la cena todos comíamos en la misma mesa. Mi esposo se encargaba de pagar el alquiler de los dos cuartos y ayudaba a mi madre en otros gastos de la familia.

En 1954, la familia se mudó para la entonces calle Someruelos, hoy Aponte. Ya habían nacido los dos hijos de María Ermita.

Seguimos viviendo todos bajo el mismo techo, en esta casa que nos pareció maravillosa por su amplitud, los grandes ventanales, con un cuarto para cada matrimonio y la sala donde nos reuníamos de noche con mis padres y los niños y conversábamos de los malos y buenos tiempos. Atrás quedó el baño colectivo y todas las incomodidades que tienen los solares.

Como casi todas las calles de La Habana, Aponte es estrecha y bulliciosa. Un poco más abajo, del hogar de María Ermita, está la estación de ferrocarriles y de vez en vez, se escucha el silbato de una locomotora.

Aquí vivo hace 47 años ¿quién no me conoce? Los vecinos me visitan y siempre andan preguntándole a mi hijo por mí. Yo antes de quedarme inválida, me encontraba con ellos en la bodega, o simplemente cuando abría la puerta de la calle y me sentaba en un sillón de la sala a tomar el fresco y el sol de la tarde que por ahí penetran a raudales. Yo soy la más vieja en esta cuadra, así que he visto nacer a muchos.

Es una anciana bondadosa, sin rictus amargo en el rostro a pesar de que la vida tanto en Galicia como en La Habana no le ha sido fácil. Ya abandonó la esperanza de visitar la casita de Albañas, que todavía existe entre los matorrales y la hierba que trepa por las paredes. Espera que algún día sus hijos y nietos puedan viajar a la aldea de los sueños infantiles.

Nunca le escuché una queja a mi madre y eso que cuando papá llegaba con unos tragos de más, el ambiente se ponía tenso. Mamá era una santa, siempre lo disculpaba y era en extremo cariñosa, dulce. He tenido y tengo una vida feliz.

Tocaban as gaitas
ó son das pandeiras,
bailaban os mozos
cás mozas modestas.

¡Qué cofias tan brancas!
¡Qué panos con freco!...
¡Qué dengues de grana!
¡Qué sintas!, ¡qué adresos!

¡Qué ricos mandiles!
¡Qué verdes refaixos!...
¡Qué feitos xustillos
do cór colorado!

(Cantares Gallegos)

ANGELA ORAMAS CAMERO

ROSA,
EL PEREGRINAR DE LA GALLEGUITA

¡Estaba tan soya!
Nin bote, nin lancha,
nin velas, nin remos,
a vista alegraban,
e soya-las veigas
tamben se quedaran.

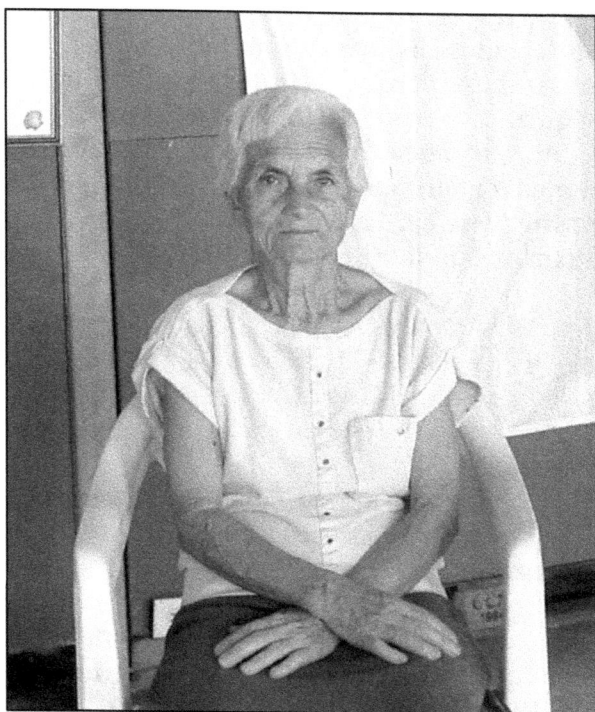

Rosa González Campo

Mi vida toda ha sido peregrinar, pero ya no quiero salir de Cuba. A mi abuela le mataron el hijo más pequeño cuando la Guerra Civil de España y se vistió de negro para siempre, mi abuelo vino para acá. Mi padre vino para Cuba a los 16 años de edad y yo salí de La Habana para Orense a los cinco, cuando murió mi madre que también había emigrado muy joven, con los hermanos y su mamá.

Serena, imperturbable ante cualquier sonido, esta hija y nieta legítima de gallegos deja a cualquiera atónito, porque en su voz hay un timbre raro, quizás se trata del eco de su corazón que ahora abre como si fuera un cofre donde oculta recuerdos, experiencias, sabiduría y el doloroso peregrinar que caracteriza toda su existencia y gran parte de la familia galiciana.

Yo sé tres idiomas, el español, el gallego y el catalán, pero estos dos últimos apenas ya los hablo. No he vuelto a España y desearía visitar la casita que era de la abuela paterna, allí fui una niña bastante feliz y también quisiera ir a Barcelona, donde pasé mi primera juventud, pero esos son sueños y, como no cuesta soñar, sigo con la esperanza de que se hagan realidad.

Rosa González Campos nació en el populoso barrio habanero de Jesús del Monte, el 20 de octubre de 1927. A los cinco años de edad quedó huérfana de madre y el padre se la llevó para Orense, donde la abuela paterna la criaría hasta los 15 años de edad, cuando de nuevo emigra, esta vez para Barcelona. En esta hermosa ciudad vivió con una tía hasta los 31 años de edad, pero tampoco allí encontró sosiego ni esperanza de mejora económica y decidió volver a La Habana, trabajó como sirvienta en dos casas.

Huyendo del servicio militar y la guerra, mi padre vino a Cuba; era un rapaz fuerte y se buscó la vida de muchas maneras, trabajó duro, esa era su vida trabajar y trabajar. En La Habana conoció a mi madre, Filomena, que era de Lugo. A ella la trajo mi abuela con dos niños pequeños más. Ella decía que de Galicia había que irse porque allá había mucha pobreza y por eso casi toda mi familia vino para La Habana.

Debió sufrir mucho don José María aquella mañana que embarcó con Rosa, su única hija; él sabía que nunca más la volvería a tener cargada como ahora, mientras el viejo buque Orduña navegaba silencioso por el maldito charco del peregrinar de la raza gallega.

Sentí mucho frío cuando desembarcamos en Vigo. Mi padre no me puso en el suelo, me apretaba contra el pecho para que yo sintiera su calor, pero yo seguí temblando como un pajarito mojado por la lluvia de puro invierno. Mi abuela criaba 4 nietos y conmigo cinco, casi toda mi familia masculina y la de mis primos: padres, tíos y abuelos, estaban en La Habana. Pero nosotros no éramos los únicos niños que por aquella época andaban así solitos en el campo y al amparo de

71

una anciana, mucha gente se iba y no podía cargar con los niños para acá, porque aquí le esperaba un porvenir incierto.

Aquellos fueron tiempos muy duros, difíciles, de mucha hambre y de ver sufrir hasta el infinito a la abuela que en un abrir y cerrar de ojos, se le puso todo el pelo blanco y la cara arrugada. Andaba por la casa muy silenciosa y dejó de esperar al cartero, porque ni cartas llegaban de tan lejos. Si se enteraba de la presencia en la aldea de algún indiano, ella buscaba la manera de encontrarse con esa persona y se contentaba con escuchar los relatos de cómo la pasaban los gallegos en Cuba.

Atrás quedó la calurosa Habana. La pequeña Rosa estaba a punto del encuentro con la tierra nai de sus padres y abuelos. Nunca olvidaría el Monte Alto, cubierto de nieve y los cuentos de que Orense y Portugal revalidan en belleza natural, y de que en el límite geográfico, entre las dos tierra, reinan la mística y la leyenda, además de historias de disputas legendarias. Su abuela que jamás quiso saber de rumores y discrepancias, solía advertir: Hasta los planetas chocan y del caos nacen estrellas.

Mi abuela vivía en la aldea de Rañadoiro, en el ayuntamiento de Muiños y ella no sabía nada que llegaríamos en la mañana, por eso la fuimos a buscar al campo, que era donde araba la tierra con las dos vacas que había en la casa. Se lavó las manos en un arroyo; se las secó en el delantal que siempre tenía puesto y me abrazó por mucho rato y yo aguanté las lágrimas y no dejé que se soltara el nudo que me tenía apretada la garganta. Me hizo recordar la manera en que mi mamá me expresaba cariño y protección.

Yo nunca había vivido en una casa de piedra y lajas, con los animales descansando debajo del primer piso. En el cuarto dormíamos los 5 nietos con mi abuela y todos nos metíamos a veces en la misma cama para acurrucarnos y así no sentir tanto frío. Aquella misma noche, mi abuela sacó de una caja de madera dos agujas y tres madejas de hilo de lana de oveja y se puso a tejerme un abrigo. Ella me enseñó a hilar con algodón, sí con algodón del que yo en La Habana compraba en la farmacia. Poco antes de nacer mi hijo, le tejí un abriguito y sabe qué, pues como no conseguí agujas se lo hice con un punzón.

En la casa de Orense había muy pocas cosas: Dos candiles, el pote, dos camas... y del huerto sacábamos berza y otras legumbres para hacer el caldo gallego, que se acompañaba con el pan de trigo o centeno hecho especialmente para la cena. A mí me sabía todo eso muy rico, aunque mucho más sabroso estaba cuando se le podía echar chorizo. El fogón lo componían dos ladrillos puestos sobre el piso de la cocina que era de cemento sin pulir y el caldero colgaba de una cadena sujeta al techo. Tomábamos leche de la chiva que se llamaba Morosa, con ella jugábamos los 5 niños y nos divertíamos de lo lindo. Muy cerca vivía una familia y yo me paraba en *el único balcón de madera de nuestra casita y conversaba con las hijas de estos vecinos, ese era uno de mis entretenimientos favoritos.*

También por el balcón Rosa contempló la soledad que fue tipificando a la aldea y sin proponérselo, devino en testigo de cómo muchas viviendas quedaron vacías y enterradas en la maleza, envueltas en el más espantoso abandono y silencio.

Todo el mundo se iba de Galicia, arrastrando por vida la añoranza. Por eso, cuando cumplí 15 años, me fui con una tía para Barcelona. Tampoco en Barcelona me fue más llevadera la vida, allí me sentí siempre una emigrada. Trabajé como sirvienta en dos casas diferentes. Entre un tío, su esposa y mi padrino me pagaron el pasaje de regreso para Cuba. Mi padre se quedó en una aldea de Orense y no se volvió a casar, quiso mucho a mi madre y siempre dijo que ninguna otra mujer podía ocupar el lugar que ella tenía en su corazón.

A esta habanera y gallega, no hay quien le haga cuentos de camino. En su vida muy pocas veces ha escampado, como ella misma gusta decir. La Habana que la recibe en 1959 se hallaba envuelta en el jubileo del triunfo de la Revolución.

En La Habana encontré un trabajo de sirvienta. Los domingos iba a la misa que se cele-

LAS GALLEGAS DE CUBA

bra en la iglesia del Perpetuo Socorro y allí conocí un militar llamado Adolfo que parecía estar muy enamorado de mí, por lo menos me pintó villas y castillos. Ya yo era una mujer que pasaba de los 30 años y por aquel tiempo nos decían solteronas a las que no se habían casado antes de los 25 años de edad, además: el tiempo de la maternidad también se me estaba finalizando. Me enamoré perdidamente de Adolfo.

Cierto era que Rosa había escuchado muchas historias de gallegas engañadas y de cómo las infelices hasta perdían sus trabajos en cuantos las señoras para quienes laboraban como criadas, se enteraban de que ellas ya no eran vírgenes por entregarse a presuntos desconocidos.

Yo sabía que si salía embarazada me quedaría sin empleo, como les sucedieron a otras emigradas. Pero qué iba a ser yo, me gustaba Adolfo y él me prometía matrimonio en cuanto le aumentaran el salario. Mi barriga creció y se hizo tan visible que ya no pude ocultar el embarazo ni a él ni a nadie. Una tarde, después de vernos y él mostrarse muy cariñoso, se despidió y se fue para la provincia de Oriente. Al cabo de un tiempo, supe que se había casado por allá.

Adolfo le propuso llevársela para Oriente, donde se encargaría de la manutención de ella y del hijo. Rosa no aceptó tales promesas; quería que Adolfo fuera feliz en su matrimonio. Ella se conformó con criar al pequeño, fruto del intenso amor que había experimentado a su lado.

La señora, Ángela Robleda, se había quedado muy sola en su casa del Vedado. La hija había partido hacia Estados Unidos y ella que era una mujer muy buena, noble, me pidió que no la abandonara. Continué trabajando para ella y cuando nació mi hijo lo bautizó. Primero, fuimos amigas y luego nos quisimos como verdaderas hermanas. Ángela no sólo fue la madrina de mi hijo, sino que me ayudó a criarlo como si el muchacho fuera suyo. Si el niño enfermaba, ella me acompañaba a la consulta del médico. Se hizo cargo de todas sus necesidades, le compraba las medicinas, la ropa, el calzado y los domingos lo llevaba a la iglesia de la virgen de Fátima, mi hijo fue monaguillo de ese templo, en 15 y 18, en el Vedado.

Las dos mujeres habían encontrado mutuo apoyo desde que en 1960, Rosa comenzara a trabajar como sirvienta en la casona de la calle 21, entre Paseo y 2, Vedado. Los años pasaron. Ángela murió en 1984.

Nadie puede imaginar lo que representó para mí la desaparición física de Ángela, fue un golpe muy duro. De nuevo tuve que buscar empleo en la calle, esta vez en la limpieza del hospital Cardiocentro. Allí me decían la galleguita. Ese mote cariñosa me lo puso el doctor Luís Hevia, cardiólogo. Todos me quisieron mucho en este hospital que está cerca de mi vivienda. El Día de la Mujer, siempre me invitan a una fiesta pese a que ya me jubilé y cuando llego , pues todo el mundo busca la manera de que yo me sienta muy querida y contenta, desde el director Llerena hasta el último de los empleados.

Ángela me hizo un testamento para que cuando ella faltara, yo heredara su casa y es aquí donde vivo con mi hijo, nuera y mi nieta que ya cumplió 6 años. Se llama Daniela, mi princesita. No me quejo, tengo una vejez feliz, aquí en La Habana.

Una mañana soleada, conocí a Rosa en el antiguo edificio que fuera del Centro Gallego de Cuba, durante un encuentro con paisanos en la sociedad de la Unión Orensana. Vestida muy sencilla e impecablemente pulcra, atinó a esbozar una leve sonrisa cuando le pedí que me contara su historia, tan parecida a la de otras muchas hijas de Galicia que han experimentado los riesgos de la emigración: un trago amargo con los ingredientes irrevocables del largo tiempo de la adaptación, el coraje y la esperanza de construir un destino con mejores oportunidades.

Cantart' ei, Galicia,
teus doces cantares,
qu' así mó pediron

Cantart' ei, Galicia,
na lengua gallega,
consuelo dos males,
alivio das penas.

Mimosa soave,
sentida, queixosa;
encanta si ríe,
Conmove si chora.

Cal ela, ningunha
Tan doce que cante
soidades amargas,
sospiros amantes.

(Cantares Gallegos)

AURORA, SUS GRANDES TRIUNFOS

Adiós..., adiós, y quiera la fortuna,
descolorida doncella,
que tierra tan feliz no halles ninguna
como mi Galicia bella.

Aurora Pita, en los inicios de la carrera artística.

Sí que Aurora Pita Alonso hace cumplido a la sentencia de Rosalía de Castro, cuando la poetisa afirmó *que tierra tan feliz no halles ninguna como mi Galita bella,* no obstante haber crecido en una isla también de insólita belleza, Cuba, donde es acogida como hija legítima, devenida en estrella de la radio, televisión y el cine..

No sé lo que hubiera sido o hubiera alcanzado en la vida si mis padres no se hubieran visto obligados a abandonar Galicia, pero sé que junto a la morriña de mi alma gallega guardo dentro de mí el calor del sol cubano.

En Cuba, Aurorita Pita escaló la cima del cetro desde que su estrella le alumbrara el camino que no solo la condujo a la fama, sino a depositar el legado con brillo de oro en el patrimonio artístico y cultural de esta nación caribeña.

Respetada, querida y profundamente admirada, la actriz se ha ganado el corazón de los cubanos y no sólo por su talento, sino también por su bondad, ternura y sentimiento patriótico.

Muchos se enterarán por este testimonio que Aurora es nacida en Galicia, pues siendo bebé la madre la trajo en brazos a vivir en La Habana. En esta capital la vieron de niña caminar por las calles, pasear en el Malecón, donde eran interpretadas canciones de la tierra natal por la Banda de Música Municipal, en las retretas proximidad al Castillo del Morro, al tiempo que podía contemplar el crepúsculo y de cómo el mar oculta en el horizonte al sol, siempre a la misma hora de cada tarde.

Mis padres, Aurora Alonso Álvarez y José María Pita Tojeiro, emigraron adolescentes a Cuba, en la búsqueda de mejores oportunidades económicas, como hicieron tantos otros paisanos en la primera mitad del siglo pasado. Ella desde Santa Uxía de Piños, Ourense, y él de AS Pontes en Coruña.

Aurorita llegó a Cuba en la condición de Niña de la Guerra. Atrás quedó España envuelta en un sangriento conflicto bélico civil. Solamente gallegos murieron alrededor de 60 mil, y Galicia que ya se había quedado bastante desolada por la pobreza, volvió a experimentar la brutal emigración de sus hijos, especialmente de los varones. América y Cuba en particular, recibieron las más grandes oleadas del éxodo galiciano.

Mis padres se conocieron y casaron en Cuba y gracias a la ayuda de amigos, en 1932 viajaron a Galicia para reunirse con la familia y allí echaron raíces. Junto con mi abuela paterna y un tío, pudieron comprar unas tierras en Perlío, Ayuntamiento de Fene, en la ría de Ferrol. Tres días antes del estallido de la Guerra Civil de España, nací yo.

Numerosas familias sufrieron el terror desatado entre las aldeas y ciudades de Galicia. Los fusilamientos, matanzas de grupos en plenas plazas o campos, así como la persecución y la prisión tipificaron aquel período que enlutó a toda España. Por los relatos de la madre, Aurora habla de los sucesos relacionados con Pita Tojeiro.

Mi padre cruzaba todos los días la ría para trabajar en Ferrol como camionero, y durante esos años, que preceden a la guerra, tomó parte activa en el movimiento obrero, sobre todo cuando la sublevación de los militares fascistas. Ante esa noticia, los trabajadores se dirigieron al Arsenal con miras a tomar las armas, pero allí se encontraron que ya estaban los militares atrincherados y apoderados de todo el depósito. Detuvieron a mi padre que negó ser la persona delatada y pronunció en gallego su segundo apellido Tojeiro, o sea dijo: Toxeiro, y además aseguró que su estancia en España era provisional, pues vivía en Cuba.

José María Pita Tojeiro quedó en libertad y bajo estricta vigilancia. El interrogatorio no había terminado y se sospechaba que el camión que manejaba era utilizado en el trasiego clandestino de materiales de guerra y octavillas, por lo cual tiene que huir de Perlío.

De allí salió vestido humilde como un campesino, con un saco de patatas al hombro. Gracias a sus contactos y después de un tiempo, partió hacia Cuba. Cuando lo fueron a buscar a la casa, los militares molestos comentaron que de nuevo la paloma había volado y que se quedaban con las ganas de "cargárselo". Mi madre no supo más de él hasta el reencuentro en La Habana.

Doña Aurora quedó en la más absoluta desesperación, sin saber si el marido estaba preso, muerto o había logrado escapar y para colmo la niña apenas tenía unos meses nacida ¿qué hacer?

Así comenzó la odisea de mi madre en solitario y conmigo en brazos, mientras en La Habana mi tío y padrino, que estaba casado con una hermana de mi madre, le envió el pasaje con camarote reservado, todo pagado desde La Habana. Ella, ya con todos los documentos, comenzó a realizar numerosos viajes a la Coruña, en medio del frío, el viento y la lluvia. Fue un invierno especialmente crudo. Las autoridades del puerto le negaban una y otra vez el permiso de salida y siguieron dándole largas y sin entregarle documentación de viaje. Detrás de todo ese asunto, lo que estos funcionarios querían era apoderarse del codiciado pasaje y camarote, por lo que se pagaba una verdadera fortuna. Mamá nunca olvidó la angustia e impotencia de aquellos días. Ella necesitaba un camarote privado porque yo era una recién nacida...

Nunca olvidó la angustiada gallega el frío y la intensa lluvia de aquellos días de espera y de cómo sufrió ante la casi certeza de que perdería el trasatlántico *Reina del Pacífico*, fondeado en el puerto. La navegación a ultramar definitivamente quedaría prohibida. Por minutos, crecían la incertidumbre y el desespero entre los numerosos galicianos que deseaban escapar de la guerra. Entretanto, Galicia veía perder toda esperanza de una mejor vida y es sabido que no es justo condenar a un pueblo a la renuncia del progreso económico y social, motivos de la bárbara emigración gallega del siglo XX.

Pocas horas antes de zarpar el buque, mi madre fue autorizada a viajar. Esta fue la última nave que salió durante la guerra. La travesía fue dura, el mal tiempo nos acompañó hasta poco antes de fondear el barco en el puerto habanero de Carenas. Casi toda la tripulación se mareó.

En la capital cubana la familia de Aurorita experimentó paz y logró convertir en realidad muchos de los sueños que otros emigrantes vieron truncárseles.

Mi familia fue numerosa, compuesta por tíos, tías, primos, mis padres y los hijos de todos ellos. Nos reuníamos muy a menudo, en la casa de algún familiar o en las sociedades españolas, así como en las romerías de los jardines de la cervecería La Tropical.

Este encantador paraje bucólico de La Tropical, en la proximidad del río Almendares, en el oeste y a unos kilómetros del centro de La Habana, iniciaron las romerías gallegas a principios del siglo XX. Fue sitio preferido para el reencuentro de los galicianos. Allí celebraron tómbolas, banquetes y bailes típicos de España y en especial de Galicia. Desde el *Muy Ilustre Centro*

Gallego de Cuba, en la avenida del Prado y frente al parque Central, salían las caravanas con la entusiasta juventud de gallegos y cubanos. No faltaban en las comidas los platos más deliciosos de Galicia y de Cuba. Lugar idóneo también para el reencuentro con las amistades, el romance, el amor y futuras bodas, pero sobre todo para dar riendas sueltas a la morriña que acompaña a todo emigrante.

Por primera vez, allí escuché y vi la gaita, de dulce y quejoso sonido, todavía guardo latente la grata impresión que me causaron los gaiteros con los típicos trajes. A la distancia de los años, veo las parejas bailando el pasodoble y recuerdo con melancolía canciones como "Adiós mi España querida".

La infancia de Aurorita fue feliz, aunque le duele haber sido una niña criada en solitario por ser única hija. No obstante, se ufana por no haberle faltado el calor y el amor de la familia, de lo que también presume y disfruta contar.

A menudo mi familia se reunía ante una misma mesa ¡Qué fiestas tan alegres eran aquellas cenas de toda la familia! No faltaba ni el gato y se hablaba lo mismo en español que en gallego! Cantábamos, se hacían cuentos, chistes y siempre Galicia era evocada con mucha nostalgia.

Matriculó segundo grado de la primaria en el Instituto Edison y "quemando etapas" como ella misma dice, se graduó de bachiller en Ciencias y Letras. Los últimos años de estudio fueron difíciles para ella, porque ya trabajaba como actriz en la radio y televisión cubanas y ello hacía que la asistencia a clases fuera irregular.

De pequeñita estudié declamación en el Centro Gallego, con el maestro Joaquín Riera y más tarde estudié pintura en el mismo y magnífico plantel de Concepción Arenal. Realmente, muchos célebres actores y actrices de Cuba se formaron en el Centro Gallego como Idalberto Delgado, Fela Jar y mi prima Marina Rodríguez, nacida en Galicia como yo. Por aquella época, recitaba en numerosos lugares, y de ellos el que recuerdo con particular cariño es el escenario que había en el tercer piso del Centro Gallego, además de los de las sociedades Rosalía de Castro y Artística Gallega.

Un sortilegio, crecer en solitario o el hada madrina que ella misma se creó durante la niñez la dotó de excepcionales aptitudes para entrar en el mundo artístico con éxito y señorear como la gran dama que hoy representa en la actuación, no hay papel por difícil que resulte donde ella haga brillar su estrella.

Sin amigas con quienes jugar, me rodeé de un mundo imaginario en el que creaba mi propia realidad. Era yo y muchas más y era también, mis amigas. Era la bailarina, la médica... la actriz que veía en el teatro o que oía por la radio.

Tal vez así nació en la infancia mi pasión por actuar. Aprendí a leer y escribir en mi propia casa, gracias a los textos infantiles de "Los muñequitos" y a las etiquetas de los medicamentos y por eso entré en el colegio en segundo grado. Siempre me ha acompañado la pasión por la lectura.

Aurorita vivió la adolescencia con la musa de la creación manteniéndole encendida su vocación primaria y cuando sintió el urgente llamado del destino artístico, no dudo en la entrega de la inteligencia y el talento a lo que hasta hoy ha sido la razón de artista emérita de Cuba desde hace más de 50 años, pues todavía continúa alcanzando triunfos en la radio, televisión, teatro y cine.

Inicié la carrera artística profesional a partir de los 14 años de edad, cuando fui contratada como actriz exclusiva de Crusellas y Cía. Esto fue como un cuento de hadas, una niña y perfecta desconocida se convirtió en una figura de la noche a la mañana. En aquellos tiempos era muy difícil conseguir un contrato. Algunos magníficos artistas nunca lo lograron. No obstante, llegue a trabajar hasta en 11 programas diarios de la radio: novelas, aventuras como "Leonardo Moncada", en cuyas respectivas series hice papeles de pobres e indefensas niñas. Además, actué en "A reírse rápido" con la interpretación del personaje Purita. Este programa se convirtió en el más escuchado e importante espacio humorístico, y recuerdo que mi. primera actuación en la televisión la hice en el programa "Fab por el mundo".

Aurora y Alfonso Sastre, en el estreno para la televisión
cubana de la obra *En la Red*.

Años después, Aurora abandonó el contrato con
Crusellas y pudo interpretar todo tipo de personajes, así consiguió trabajo en los tres canales
de la televisión cubana: 2; 4 y 6. Hizo actuacio-
nes de obras teatrales, programas infantiles y de

aventuras, entre estas la serie de "Los Vikingos", así como novelas seriadas en el espacio "La Novela de las 10" que luego se trasformaría en "Grandes Novelas".

En la novela "El alma Encantada" que fue la primera trasmitida en ese espacio, interpreté a Silvia Riviere. También al Teatro ICR --siglas del Instituto Cubano de Radiodifusión y que, años después, se llamó Instituto Cubano de Radio y Televisión (ICRT)-- me incorporé desde su creación y de esta etapa puedo asegurar que ha sido memorable para mí el personaje de George Sand en "Un Verano en Nohant" , así como la interpretación de la reina Isabel I de Inglaterra en "María Estuardo".

En aras de hallar un mejor parecido físico con el personaje, Aurora se rasuró las cejas y la parte frontal de sus cabellos, e hizo todo eso consciente de que sería solamente un día trasmitida la mencionada obra de teatro. La técnica de grabación de video fue estrenada por vez primera en La Habana con la puesta en pantalla de la trilogía "Electra", cuyas tres obras abarcaron tres semanas de transmisión y Aurora interpretó el personaje protagónico.

En su extensa hoja de servicio a la cultura cubana y en particular dedicada a la actuación, la célebre actriz recuerda la intensidad de su trabajo en los años 1963 y1964 cuando a la vez protagonizó tres seriales.

"México Indómito" fue trasmitido por el canal 4, los lunes, martes y miércoles, donde interpreté el personaje de "Carmelita" tenía lugar los días jueves, viernes y sábado; mientras que por el canal seis se ofrecía otra novela en el espacio "Horizontes", donde yo interpretaba a Mercé, una guajirita que cultivaba la tierra junto con el padre. Más tarde, en la noche me convertía en la espía "Mata Hari, en la novela humorística "Los secretos de Lola Hari".

Era tan profesional y sorprendente en la actuación que el público no establecía relación entre cada uno de los personajes que ella hacía en los diferentes espacios y canales televisivos. Una de las novelas de producción cubana con mayor éxito ha sido "Sol de Batey" en la cual interpretó el personaje Doña Gertrudis de Sandoval y Santa Cruz, imagen de la criolla del siglo XIX. Aurora Pita también ha interpretado a la gallega emigrante y como es de suponer de manera excelente al llevar en su corazón y sangre a Galicia. Tal es así que recibió sendos premios de actuación Caricato, otorgados por la Unión de Escritores y Artistas de Cuba, UNEAC, respectivamente en 1997 y 2001.

Asumí con mucho gusto el papel de la Gallega Catalina, amable y tierna imagen de la emigrante, llevada a la mejor tradición del bufo cubano en el espacio "El año que viene". Otra gallega emigrada en Cuba, vuelvo a interpretar en el programa "A dónde va Vicente", del espacio infantil "El Camino de los Juglares".

Aunque la radio y la televisión ocuparán gran tiempo de su trabajo de actuación, Aurorita siguió apareciendo en el escenario del teatro desde su primera salida en 1953. Pero su intensa carrera artística no impidió que ella aportara sus granos de arena en otras tareas del país, como cuando fue elegida secretaria de cultura de la delegación de la Federación de Mujeres Cubanas en la planta de radio y TV CMQ, durante la década de 1960. Fue además instructora de primeros auxilios e impartió clases de artesanía en distintas localidades.

Durante el poco tiempo libre que le quedaba en los años mozos, también aprendió el arte del macramé, así como estupendamente a tejer y bordar.

Aurora Pita con su nieta gallega, Anita.

Integra las filas de la Unión de Escritores y Artistas de Cuba, UNEAC, y de varias Sociedades Españolas y forma parte del ejecutivo de las asociaciones gallegas: Hijos del Ayuntamiento de Capela y de Centro Unión Orensana, donde atiende la sección de cultura. Es socia de honor del Centro Andaluz y coopera con el Comité Gestor de los madrileños en Cuba. El Consejo de Residentes Españoles y la Federación de Sociedades Españolas le otorgaron la condición de Emigrante de Honor y Emigrante Destacada.

Aurora Pita posee la condición Niña de la Guerra; es fundadora de la televisión cubana y ostenta el galardón: Micrófono de la Radio Cubana, así como las distinciones: Por la Cultura Nacional; medalla: 23 de Agosto (entregada por la FMC); Medalla de Alfabetización (al contribuir en 1960 a la erradicación del analfabetismo en Cuba); Artista Emérita de la Radio y TV, y el Diploma a la Maestría Artística del Instituto Superior de Arte, así como el diploma Nicolás Guillen conferido por la UNEAC, entre otros más.

Ostenta el Reconocimiento *Don Miguel de Cervantes y Saavedra*, entregado por la Federación de Sociedades Españolas de Cuba, con la siguiente leyenda: *Por toda una vida dedicada al arte escénico, la radio y la televisión en los que ha sabido como pocas dibujar la imagen real de la emigrante española en nuestro país.* En cuatro ocasiones la UNEAC le ha otorgado el premio de mejor actuación femenina y en ocho ocasiones también le han conferido el Premio Caricato UNEAC, uno debido a su excelente actuación en

94

el papel de la gallega Catalina, 1995.

La querida y admirada actriz tiene tres hijos y cuatro nietos, dos nacidos en Cuba y dos en Galicia, lo que la hace parafrasear a Carpentier que se ha hecho realidad 'el viaje a la semilla'. *En el corazón se abrazan y conviven mis dos patrias.*

Miña Santiña,
miña Santasa,
miña cariña
de calabasa.
Ei d' emprestarbos
os meu pendentes,
ei d' emprestarbos
o meu collar;
ei d' emprestarcho
cara bonita,
si me desprendes
a puntear.

(Cantares Gallegos)

ANGELA ORAMAS CAMERO

DORINDA, VIVIR ENTRE ESPINAS Y ROSAS

En el alma llevaba un pensamiento,
una duda, un pesar,
tan grandes como el ancho firmamento
tan hondos como el mar.

Dorinda Pérez Fernández, su hija Finita y la nieta.

Sus caminos han sido duros, sin sal y con muchas lágrimas, reconoce esta buena mujer nacida el 3 de enero de 1929 en La Habana y obligada muy pequeña a emigrar junto con la madre gallega y un hermano, *porque el tirano Machado no quería más españoles en Cuba y de haberse quedado ella, hubiera tenido que acogerse a la nacionalidad cubana, como hizo mi padre para no perder el puesto de trabajo, ya habían promulgado la Ley del 50 por ciento que favoreció más en los puestos de trabajo a los nacidos en la Isla que a los españoles y por eso, para no ser repatriado mi padre adquirió la nacionalidad cubana.*

Dorinda no quisiera recordar aquella infeliz etapa en Cuba, de cuando una libra de harina de maíz valía sólo un centavo, mientras se pregunta ¿quién tenía entonces un centavo para comprarla? *Mi madre me contó que eso era lo único que comían la mayoría de las familias cubanas y también las gallegas emigradas aquí: harina con boniato y para colmo se podía cenar una vez al día. Pero en Galicia nos fue peor. Allá nos esperaban la guerra, el luto, el hambre y la desolación del campo, todo el mundo quería escapar de aquel infierno.*

Aquella mañana del 22 de septiembre de 1931, la brisa del mar y la intensa luz solar inundaron las estrechas calles de la Habana Vieja. La gallega María Fernández caminaba despacio por lo avanzado de su embarazo, llevando de las manos a dos hijos pequeños: Dorinda y José, mientras el esposo José María Pérez cargaba la maleta; iban rumbo al muelle del puerto de Carenas, donde ella y sus hijos embarcarían rumbo a Galicia. Llegó el doloroso momento de la despedida y se abrazaron, mientras ella lloraba sin consuelo y él a duras penas disimulaba las lágrimas. Nunca más volvieron a reunirse, ella murió en 1953 en Galicia y él en 1976 en La Habana.

Ya en ultramar, por causa de una tormenta el buque estuvo a punto de naufragio y en medio de la difícil circunstancia María parió una niña a la que le pusieron Marina. Seis meses después, la nena falleció de meningitis en el humilde hogar campesino de los abuelos maternos.

Mi madre no pudo regresar a Cuba y reencontrase con mi padre, que aquí encontró empleo como operario de hacer cuños, los llamados: 'gomígrafos'. El taller estaba en la calle Aguacate, entre O'Reilly y Palacios. Pero le pagaban tan poquito que nunca pudo enviarnos dinero y eso que se pasaba la vida ahorrando los centavos, sabía que en las aldeas de Galicia había hambruna y escasez de todo, de ropa, de calzado, de medicina. A veces solamente comíamos berza, sin pan, sin nada más.

En la casa casi siempre se preparaba la comida sin grasa -una onza de manteca valía dos pesetas- y las sardinas las asábamos sobre una tapa,

*porque no había sartén. ¡Para qué contar cala-
midades! Cada 7 meses nos daban un octavo de
aceite y harina de trigo o maíz y llegaba tan dura
que no servía para alimentarnos, así que se la
echábamos a los animales; la poquita harina que
servía, la utilizábamos para cocer pan. Por eso,
cuando nace Finita la inscribimos en otro ayuntamiento, en el pueblo de Cabolina , para tener
derecho a una jaba mensual con productos para
la alimentación de la niña. La ración consistía
en un jabón, harina y tocino o chorizo.*

Durante las celebraciones de un Agosto en las
que se cuecen castañas y se toma vino, cuenta
Dorinda que dos tíos suyos y 13 jóvenes más fueron denunciados ante Justo Saco, maestro de
Cachamuiña que era falangista, por haber dado
vivas a La Pasionaria y pedir libertad para España. El grupo fue llevado al cuartel de la guardia civil de Orense. Por tercera vez los padres
intentaron visitar a los hijos, Orentino y Manuel, en la cárcel de Celanovo, pero no los encontraron porque obligatoriamente y como carne
de cañón habían sido arrojados a la guerra, a pe-
lear contra los republicanos.

*De la guerra sólo regresaron cuatro vivos, mis
dos tíos murieron y al poco tiempo también falleció abuelo, devorado por la tristeza. Perder 11
jóvenes, fue como vaciar la aldea...todas las mujeres se vistieron de negro, porque habían perdido unas a los hijos; otras, a hermanos, muchas
a los padres o a sus maridos... No entiendo por
qué a los niños y niñas que sufrimos en carne*

propia los horrores del conflicto armado, no tenemos la condición de Niños y Niñas de la Guerra. Es injusto que sólo se le otorgue a los muchachos que sus padres lograron salvarlos de aquel infierno, cuando el gran éxodo de España y en particular de Galicia.

La historia de los padres de Dorinda no puede ser más conmovedora y trágica. A principios del siglo XX, llegó a Cuba su padre con 15 años de edad en calidad de polizonte, huyendo del servicio militar y de la guerra entre España y Marruecos. De Galicia, el adolescente José María escapó hacia Francia.

Escondido en la bodega de un trasatlántico hizo el viaje hasta La Habana. No obstante, si mi padre hubiera encontrado en Francia un caballo con alas, imagino que también habría podido cruzar el mar. Parafraseando un verso de Rosalía de Castro: de las aldeas se fue este, el otro, aquel...todos se fueron porque además de escapar de la guerra, Galicia estaba pobre y había que venir para La Habana.

España vivía uno de los períodos más enlutados de toda su historia. Desangrada por la guerra civil, también sufría bloqueo: *No entraban ni las moscas por el aire y si una lo evadía, pues de tanta crueldad se contaminaba al rato y caía muerta al piso.* Se produjo el gran éxodo de los españoles y en particular de la región de Galicia.

Los trabajos de los hombres de mi familia que

103

emigraron o murieron en la guerra, los realizaron también las mujeres de la familia: mi madre, abuela y tías y yo que aunque chiquita, pastoreaba y sembraba papas como el que más. Ellas trabajaron duro en el campo: en la cosecha de la papa, hicieron huertos de berza en las casa para no morirnos de hambre, ordeñaron vacas.

Yo me acuerdo como por las noches los vecinos se robaban las papas de los sembrados y nosotros también hacíamos lo mismo: hurtábamos nabos y castañas...hacíamos estas cosas porque se trataba de sobrevivir. Fueron tiempos terribles para los que no pudimos emigrar. Yo era niña y no soñaba con tener una muñeca, sino con una sardina asada en mi plato...

Dorinda y el esposo.

En La Habana el padre de Dorinda trabajó primero como cortador de caña en el central Hershey, después fue vendedor ambulante de telas y ropas por las calles de la capital cubana e hizo otras labores, entre estas la de albañil y dependiente de la dulcería Siglo XX, situada en Neptuno y Belascoaín.

En esta dulcería pagaban tan poco salario, que al galleguito no le alcanzaba para comprarse un emparedado a la hora del almuerzo, así que para mitigar el hambre, solía hurtar algún que otro dulce. Un día el dueño de Siglo XX le dijo: No te los robe más José, pídemelos y come todos los que quieras. Muy pronto, hartado de tantos dulces, el pobre muchacho sintió repugnancia y dejó de comerlos. Sin embargo, el dueño, que a propósito era también español, lo botó del establecimiento, sin tener en cuenta que José por el mismo sueldo realizaba varios trabajos, pues además de atender al público, limpiaba el mostrador y el piso, botaba la basura y cerraba la puerta de Siglo XX, pasadas las 14 horas de su jornada laboral. Era junto con el dueño el último en irse a su casa y nunca protestó por el abuso a que fue sometido.

Mi madre, emigrada de la parroquia de Cachamuiña de la Melá, llegó como mi padre en la década de 1920, y aquí, en La Habana, se colocó de sirvienta y se casó. Tanto en La Habana como en Galicia ella pasó más trabajo que un forro de catre y para colmo, como llegó sin marido a la aldea y con dos hijos pequeños, pues fue mal vista. Decían allá que no era una mujer decente y que a lo mejor en Cuba su oficio habría sido otro y no el de criada. Hasta su muerte, en Galicia trabajó en el campo: pastoreó, sembró... sus manos se endurecieron y se convirtió en una típica campesina.

Por largo tiempo, ni mi madre ni mi padre supo uno del otro y cuando pudieron cartearse, ella le pidió que rehiciera su vida en La Habana. Aquí, mi padre volvió a casarse, en 1963, con otra gallega, Amalia, a quien llegué a querer como a otra madre. No tuvo hijos y por eso nos adoraba como si ella nos hubiera traído al mundo.

Dorinda vivió 26 años en Galicia; aprendió a hablar el idioma gallego y amó las tradiciones y costumbres del pueblo de sus padres y abuelos. Todavía hoy, con 79 años, conserva el acento del idioma gallego y, sin embargo, su hija Fefita nacida allá, no lo tiene. En Cachamuiña se enamoró de Alfonso, un joven de familia de mejor posición económica que la suya. Por culpa de la injuria y el chismorreo de la aldea acerca de que la madre había llegado a Galicia sin esposo y con dos hijos, Dorinda no pudo contraer nupcias con Alfonso, pese a llevar en el vientre una hija suya y tampoco contó con su ayuda económica para la crianza de la niña.

Los años que viví en Galicia estuvieron bajo la injusta mácula y humillación a que fue sometida mi madre. Alfonso me abandonó y tuve que criar sola a Finita, dos años más tarde de su nacimiento murió mi madre y comencé a vivir un rosario de angustias y sufrimientos que cesó cuando mi padre y Amelia nos reclamaron. El 13 de septiembre de 1957, embarcamos por el puerto de Vigo, en el buque Santa María, propiedad de una compañía naviera portuguesa.

106

Yo había cumplido 28 años cuando volví a encontrarme con mi padre en La Habana... todavía hoy no puedo describir esta emoción, él me contó que lloré tanto como lo había hecho mi madre cuando partió. Aquí me casé en 1963, con el pinareño Victorino Hernández Mendoza y nació mi hijo José Luis, en 1964.

No he vuelto a Galicia y ahora que pudiera hacerlo mediante los programas de la Xunta, mi esposo enfermo, que ya tiene más de 80 años, no puede viajar; y como nunca nos hemos separado, pues estoy condenada a seguir con esa añoranza clavada en el pecho. ¡Cómo me gustaría ver a Galicia próspera! Eso es lo que me dicen: que ya no es pobre, que tiene progreso... He vivido dentro de un laberinto, cuando he creído encontrar la salida, resulta que de nuevo estoy entrando en el laberinto.

La vida tiene misterios, yo nací en La Habana y me llevaron con dos años para Galicia y Finita nació en Galicia, y la traje para La Habana con seis años, pero su historia, que sí es hermosa, debe contarla ella.

Cuando la gaita gallega
el pobre gaitero toca,
no sé lo que me sucede
que el llanto a mis ojos brota.
Ver me figuro a Galicia
bella, pensativa y sola
como amada sin amado,
como reina sin corona.
Y aunque alegre danza entone
y dance la turba loca,
la voz del grave instrumento
suéname tan melancólica,
a mi alma revela tantas
desdichas, penas tan hondas,
que no sé deciros
si canta o si llora.

(Poema de 1860,
intercalado en Cantares Gallegos)

Finita, la hija gallega de Dorinda

Rosa que nace al saludar el día
y a la tarde se muere,
retrato de un placer y una agonía
que en el corazón se adhiere.

Josefina María Hernández Pérez, Finita nieto e hija.

Para consolar a Finita que extrañaba su aldea galaica, el abuelo gallego solía contarle que en cualquier parte del mundo era posible encontrar un paisano: ¡tanta gente había escapado de Galicia!, cuyas historias mezclaba con fantasías, y las siguió repitiendo en la década de 1970: ... *y dicen que cuando el astronauta norteamericano,*

111

el 20 de julio de 1969, llegó a la Luna, allí encontró un gallego que le advirtió: yo hace mucho que estoy aquí, por eso tú no eres el primero en visitarla.

Tenía cierta razón José, porque es muy difícil escribir la historia de Galicia contemporánea sin entender lo que significó la gran emigración de su pueblo, sobre todo en el siglo XX. Numerosos fueron los hijos e hijas de Galicia que cruzaron el "charco" y se establecieron en La Habana y por eso muchos aseguran que esta capital devino en el centro de la *galleguidad* mundial.

Desde La Habana el tipógrafo y dibujante, oriundo de Ferrol, José Fontenla Leal, impulsó las creaciones del Himno Gallego y de la Real Academia de la Lengua Gallega. El Himno de Galicia fue estrenado en el Teatro Nacional del Centro Gallego de La Habana, el 20 de diciembre de 1907, con letra de la poesía Os Pinos, de Eduardo Pondal y composición musical de Pascual Veiga. El abuelo de Finita envuelto en la añoranza en ocasiones lo entonaba para que su nieta lo aprendiera:

¿Qué din os rumorosos
na costa verdecente
ó raio transparente
do prácido luar?

¿Qué din as altas copas
de escuro arume arpado
con seu ben compasado
monótono fungar?

Do teu verdor cinguido
e de benignos astros,
confín dos verdes castros
e valeroso chan,
nom des a esquecemento
da inxuria o rudo encono;
desperta do teu sono,
fogar de Breogán.

En La Habana los emigrados llegaron a fundar 73 publicaciones, entre periódicos y revistas, la más numerosa creada por los gallegos en América y en esta capital construyeron el palacio más hermoso de todos los que ellos edificaron en este continente, el *Muy Ilustre Centro Gallego de La Habana.*

Desde la capital de Cuba, los emigrados enviaron sus ahorros y donaciones a Galicia durante muchos años, para que en la tierra natal se construyeran escuelas y hospitales. Todo eso contaba el abuelo a la nieta nacida en Galicia, traída a La Habana por Dorinda.

A la hija Dorinda, José dejó de verla con dos años de edad, cuando su esposa María embarcó en 1931 para Galicia y qué extraña coincidencia sucedió en 1957, pues a su nieta, Finita, la conoció con 6 años de edad, cuando la trajeron a vivir a La Habana. De este momento de emociones indescriptibles, Finita recuerda el llanto de Dorinda y de José y de cómo a ella el abuelo la cargó y apretó contra su pecho. *Me acuerdo también de la muñeca que Amalia me puso en las manos y de mi corazón dando brincos de alegría. Era la*

113

primera vez que tenía un juguete y aquella mu-
ñequita me pareció un sueño, yo le cerraba y
abría los ojos azules constantemente para ver si
era una criatura de verdad o algo mágico.

Finita y Dorinda estuvieron muy enfermas durante la travesía del buque que las trajo a La
Habana. Contrajeron una enfermedad del trópico cuando la nave fondeo en un puerto de Venezuela, ocasión que aprovechó Dorinda para visitar en la Guaira a unas primas gallegas.

Amelia y José, el abuelo de Finita, cuando se casaron en La Habana.

Con mucha fie-
bre desembarca-
ron en La Ha-
bana y para evi-
tar que fueran
confinadas en el
campamento de
Triscornia hasta
finalizado el pe-
ríodo de conta-
gio, José las re-
cogió en una
lancha al pie del
buque y las alojó
en la casa que
ocupaba con Amalia, en Aguiar 514, entre Te-
niente Rey y Amargura. Años después Dorinda
se enamoró y casó con el cubano Victorino Hernández Mendoza, quien trabajaba en el hotel

114

Nueva Luz, ubicado en Compostela y Amargura.

Frente al trabajo de mi padrastro nos fuimos a vivir y al año siguiente nació mi otro hermano, José Luis, hasta que en 1968 mis padres se mudaron para la casa que en Jovellar todavía ellos habitan.

Amalia, la esposa de mi abuelo, era súper cariñosa, tanto nos mimó a mi hermanito y a mí que nos crió como si fuéramos sus propios nietos. Amalia era gallega como mi familia y mis ancestros maternos y paternos. Fue una mujer que trabajó mucho en Cuba como despalilladora de una fábrica de tabacos, próxima al antiguo palacio presidencial de Cuba, fue sirvienta y lavó bultos de ropa de familias pequeño burguesas.

En el hogar, también Amalia sabía hacer de todo: bordar, coser, tejer y cocinar...hacía unos dulces riquísimo, pero lo que más gustaba preparar eran las recetas de la cocina gallega y de estas: el dulce de chayote, así como la Tarta de Santiago, que mi otra abuela en Galicia también la preparaba muy rica. Mi hermano y yo le buscábamos las almendras que caían de los árboles del Parque Central o se las comprábamos en una bodega que el dueño era también gallego... La Tarta Santiago se prepara así:

Ingredientes:
6 huevos
1/4 de kilogramo de almendras picadas
¼ de kilogramo de azúcar

Preparación: Se mezclan muy bien los huevos con el azúcar hasta que doble su volumen. Se le añaden las almendras y se mezcla bien. En una fuente se pone una base de obleas o una capa fina de hojaldre y se le echa la mezcla anterior. Se pone en el horno precalentado a 180 grados, durante 40 minutos.

El dulce del chayote, recuerdo que Amelia lo preparaba de este modo:

Ablandados los chayotes, con una cuchara se saca la masa de las cáscaras de las frutas sin dañarlas. La masa se mezcla con huevos batidos, almendras, pan rallado y azúcar a gusto. Esta mezcla se introduce dentro de las cáscaras de cada chayote y todos se embarran de mantequilla. Finalmente, los chayotes rellenos se colocan en el horno, un tiempo prudencial. Es un dulce verdaderamente delicioso.

Amalia País Tuñas era de Santiago de Compostela, presuntamente pariente del líder revolucionario del Movimiento 26 de Julio en Santiago de Cuba: Frank País, hijo a su vez de gallegos. Trabajó en la fábrica de cigarros y tabacos Partagás, propiedad de galicianos. Había llegado muy jovencita a La Habana en compañía de la madre viuda. Mucho antes de conocer a José, trabajó Amalia como cocinera en las casas de los curas y también en residencias de familias adineradas. De esta gallega toda la familia de Dorinda y Finita habla maravillas, de su nobleza, sacrificio y bondad. Quiso mucho a Dorinda, a quien Amalia con amor filial ayudó en la crianza de Finita.

Mi abuelo añoraba beber la Queimada, pero acompañada con la tradición del conjuro, lo que casi era imposible de realizar en mi casa de La Habana. Y sin conjuro como es de suponer, Amalia lo complacía, primero ella buscaba los ingredientes: dos litros y medio de aguardiente, 500 gr. de azúcar y 50 gr. de granos de café. Sobre el fogón, encendidas las brasas de carbón, colocaba la cazuela de barro donde echaba el aguardiente y 400 gramos de azúcar y cocinaba a fuego lento. En un cucharón, hacía el caramelo con 100 gramos de azúcar, también a fuego lento. Cuando el caramelo estaba listo, ella lo vertía poco a poco, sobre la Queimada, tratando de que no se le oscureciera demasiado, luego apagaba las llamas o dejaba que estas se consumieran y servía la exquisita bebida caliente.

La típica Queimada de los aldeanos gallegos se bebe con la celebración de este antiquísimo conjuro:

Búhos, lechuzas, sapos y brujas.
Demonios, maléficos y diablos, espíritus delas nevadas vegas.

Cuervos, salamandras y meigas, hechizos de las curanderas.
Podridas cañas agujereadas, hogar de gusanos y de alimañas.
Fuego de las almas en pena, mal de ojos, negros

117

hechizos.
Olor de los muertos, truenos y rayos.

Ladrido del perro, anuncio de la muerte; hocico
del sátiro y pie del conejo.
Pecadora lengua de la mujer casada con un hom-
bre viejo.

Infierno de Satán y Belcebú, fuego de los cadá-
veres en llamas,
Cuerpos mutilados de los indecentes, pedos de
los infernales anos,
Mugido de la mar embravecida.

Vientre inútil de la mujer soltera, maullar de
los gatos en celo,
Pelo malo y sucio de la cabra mal parida.

Con este cazo levantaré las llamas de este
fuego que
Se asemeja al del infiero, y huirán las brujas a
caballo
De sus escobas, yéndose a bañar a la playa de
las arenas gordas.

¡Oíd, oíd ¡ los rugidos que dan las que no
pueden dejar de quemarse en el aguardiente,
quedando así purificadas. Y cuando este brebaje
baje por nuestras gargantas, quedaremos libres
de los
males de nuestra alma y de todo embrujamiento.

Fuerzas del aire, tierra, mar y fuego, a vosotros
hago esta llamada:

Si es verdad que tenéis más poder que la humana gente, aquí y ahora,
Haced que los espíritus de los amigos que están fuera,
Participen con nosotros de esta queimada.

Ya hacía dos años que Finita vivía en La Habana, cuando triunfa la Revolución cubana, el 1ro. de enero de 1959, y de aquel día recuerda en especial la alegría del abuelo José y su grito de felicidad: ¡Triunfaron los rebeldes!

Pero yo me asusté mucho, porque creía que los rebeldes eran los malos, como le decían en mi casa de Galicia a los falangistas...y no quería volver a sufrir la guerra, entonces mi abuelo muy cariñoso me explicó que se trataba del triunfo revolucionario y de que Cuba al fin sería independiente.

El gallego José se integró de lleno a la Revolución, fue fundador de las Milicias Nacionales Revolucionarias y de los Comités de Defensa de la Revolución, CDR, de su cuadra, de cuya organización de masa fue el responsable de vigilancia hasta el último suspiro de su vida acrisolada por la nobleza, lealtad y amor a Galicia y Cuba.

Mi abuelo amó tanto a Galicia como a Cuba, yo le llevaba café y la merienda cuando él hacía guardias en su trabajo y me extasiaba oyéndolo hablar de la Revolución; se convirtió en mi ídolo. Antes de yo cumplir los 16 años, integré los CDR para que él me tuviera en cuenta en las tareas

119

de apoyo al proceso revolucionario en mi barrio; le di por la vena del gusto: estudié una carrera universitaria y como él, también fui y soy fiel a la Revolución.

Josefina María Hernández Pérez, Finita, estudió la licenciatura en Ciencias Políticas en la Universidad de La Habana. Hasta su jubilación, laboró en el Ministerio del Interior. Se casó en 1973 con un oficial del MININT; tiene dos hijos y un nieto, el principito heredero de una ejemplar familia cubano-gallega.

PRA A HABANA

III PARTE

O mar castiga bravamente as penas,
e contr' as bandas d' o vapor se rompen
as irritadas ondas
d' o Cántabro salobre.

Chillan as gaviotas
¡alá lonxe!..., ¡moy lonxe!
N' a prácida ribeira solitaria
que convida ó descanso y ós amores.

De humanos seres á compauta línea
que brilla ó sol adiantase e retórcese,
mais preto e lentamente as curvas sigue
d' o murallón antigo d' o Parrote.

O corazón apértese d' angustia,
óyense risas, xuramentos s' oyen,
y as blasfemias s' axuntan c'os suspiros...
¿Onde van esos homes?

Dentro d' un mes, n' o simiterio imenso
d' á Habana, ou n' os seus bosques,
Ide a ver quó foi d' eles...
¡No' o etern' olvido par sempre dormen!...
¡Probes nais que os criaron,
y as que os agardan amorosas, probes!

MARUJA, UNA ESTRELLA GALAICA

Ya el pájaro cantando voltejea,
y en su vuelo rasante va tocando
la blanca flor que nacarada ondea.

Maruja Calvo Valdés alcanzó el triunfo artístico antes de
cumplir los 20 años de edad.

Rozada por su estrella y los sortilegios galaicos, Marujita Calvo Valdés lega a La Habana y Galicia los éxitos de su carrera artística, desde que cambiara las agujas y la máquina de coser por el escenario y la actuación, mientras el público de México, España y Cuba la coronaban de aplausos y amores.

Me llamo María del Carmen, pero en Galicia cariñosamente a las Marías les dicen Maruja y con ese mote llegué a La Habana el 13 de julio de 1949; traía en el alma la visión de los horrores de la Guerra Civil y la angustia de haber visto a mi padre en peligro de muerte, siempre perseguido por sus ideas de izquierda.

Entre Lugo y la Coruña creció Marujita, afectada por las obligadas mudanzas de la familia, al vivir el padre perseguido por la guardia falangista durante todo el período de la guerra. Apenas pudo asistir sistemáticamente a la escuela, aunque su sed por adquirir conocimiento jamás se extinguió. De cuando residió en el Callejón del Lagarto, ella recuerda cómo la madre montaba vigía subida en la buhardilla de la casa, cada vez que Celia, la vecina que vivía justamente al lado, avisaba cantando o silbado el mismo estribillo de una canción popular.

Mi madre lanzaba un bombillo contra una pared de la casa de Celia, y la explosión espantaba al guardia que imagina haber escuchado el disparo hecho por un republicano. Yo soy Niña de la Guerra, aunque no me hayan conferido tal condición; la inestabilidad del hogar y la escuela, así como los peligros y desconciertos del hogar me llevaron a ser una persona muy inhibida durante gran parte de mi existencia. Todos los días llegaban a mi hogar noticias de un vecino preso o fusilado y por eso, establecida ya en La Habana, solía de noche despertar sobresaltada, porque durante mucho tiempo sufrí de pesadillas que me trasladaban a los pasajes bélicos.

El padre de Maruja, Eduardo Calvo García, había quedado huérfano en la niñez y con sus tres hermanos pequeños fue criado por Amalia, la mayor de los cinco muchachos, hasta que ella, de filiación republicana al estallar la guerra, tuvo que salir huyendo de Galicia y refugiarse en la capital cubana, donde se casó con un habanero y decidió no retornar nunca más a Galicia.

En medio de una caótica crisis económica en Cuba y bajo el régimen del mandatario Gerardo Machado, en la década de 1930 arriba a La Habana Eduardo, con la esposa, María Grata Valdés Gómez, y un hijo de nueve meses de nacido. Amalia apenas puedo brindar amparo a los recién llegados, pues La Habana estaba tan pobre como Galicia.

Mi padre no encontró trabajo en La Habana. Eran muchas las trabas para ser aceptado en una fábrica, ya que se hallaba en vigor una ley que obligaba al extranjero renunciar a su ciudadanía si aspiraba a un empleo. Por otro lado, la ciudadanía cubana se adquiría pasados cinco

125

años de residencia en la Isla. Así que mi familia decidió regresar a Galicia.

Años después, mis padres con mi hermano y conmigo vuelven a embarcar rumbo a La Habana, reclamados por tía Amalia. Hicimos el viaje en el avión La Estrella de Cuba, que hizo escala en la Bermudas con vista al reparo de un motor. Y, esto fue una suerte para nosotros porque pudimos hacer amistad con una gallega que también venía para Cuba, Maria Osinde, madre de 7 hijos y dueña de una bodega en la Habana Vieja y de un taller de confecciones de ropa, situado en Revillagigedo y Apodaca.

Nuevamente, Amalia atravesaba una dura situación económica y al percatarse Eduardo del asunto, arrendó una humilde habitación en calle Cuba No. 209, esquina a Empedrado, bastante cerca de donde la gallega Osinde tenía su negocio.

María me empleó en su taller y allí pasaba largas jornadas cosiendo vestidos para la tienda del alta costura, situada en el antiguo palacio de Aldama. Me pagaba dos pesos y 50 centavos por la costura de una docena de vestidos y por modelar, cada mes me regalaba un atuendo.

Yo había llegado a Cuba con un par de zapatos de charol, dos faldas y dos blusas, así que aquel obsequio representaba mucho y con aquel salario pude mantener a mi familia hasta que mi padre logró un trabajo, caracterizado la mayor

parte del tiempo por la inestabilidad. Fue bar-
man, barbero y vendedor ambulante de ropa y
medicinas. Al triunfo de la Revolución, se hizo
miliciano y cuando se produce la invasión por
Playa Girón, él se fue a las trincheras y allí ad-
quirió una pulmonía que por poco se muere. A
partir de 1959, se dedicó a la barbería, pero sin
cobrarles el pelado a los niños del barrio, mi pa-
dre era tan bueno y noble...

La buena gallega de María sabía que el dinero
apenas alcanzaba en la casa de Maruja para comer, por eso insistió mucho a la familia de Calvo
Valdés para que todas las noches fueran a cenar
con ella.

Pero a nosotros nos daba pena, pese a que me
trataba como hija suya. María Osinde frisaba
los cien años, cuando por última vez la visité en
su casa de Miami, donde vivió rodeada de hijos
y nietos. Yo quise mucho a esta mujer que me
ofreció amparo a mi llegada a Cuba y siempre
me acogió en su hogar con amor filial. Su muerte
me dolió inmensamente.

De nuevo, la familia de Maruja se muda, esta
vez para el reparto Almendares, donde arrien-
dan un pequeño apartamento en calle 9na y 10ma.
Al lado, vivía la dominicana Ángela Amiama,
quien ayudó a Maruja a encontrar trabajo de
costurera en la fábrica Sábanas Palacios, donde
también ella laboraba.

El primer día que estaba a prueba, rompí 4

127

agujas y una máquina de coser, yo estaba muy nerviosa y aquellos equipos eran modernos... No di pie con bola, como dice un dicho popular. Me pinché un dedo y comencé a llorar...En eso llegó el dueño y me dijo: cálmate y verás que lo puedes hacer, me han dicho que eres muy buena costurera y diestra. Al día siguiente, más confiad, logré hacer todo mucho mejor y a partir de ese momento, yo cosía y cantaba, lo hacía porque me gustaba cantar y para evadirme del infernal ruido de las máquinas. Mi salario ascendió a 50 pesos mensuales, toda una fortuna para la economía familiar.

Serafín, el dueño de la fábrica, era español como la propia Maruja y tal vez por eso nunca reprendió a la muchacha cuando cantaba las canciones de su tierra, mientras ella cosía.

Un día el matrimonio Gato Ladra, dueños de una tintorería que se hallaba cerca de la fábrica Sábanas Palacio, quienes tenían amistad con Maruja, la invitaron a la fiesta de los quince de su hija Yolanda. Allí, algunas compañeras del trabajo que también habían ido a la fiesta, le pidieron a Maruja que interpretara las mismas canciones que solía cantar todos los días en medio de las costuras.

Canté María Amparo y El Sombrero en la fiesta de Yolanda, la hija de Ramón Gato y María Ladra. Estas canciones del repertorio español me llevarían, sin imaginarlo aquella noche, a la carrera artística. En medio del jubileo alguien me embulla para que me presentara en el

programa de televisión Buscando Estrellas, aus-
piciado por Gaspar Pumarejo..

Ángela Amiama, su fiel y querida amiga, es la
persona que más hincapié hizo para que Maruja
no dejara pasar la oportunidad de iniciar la carrera artística, ella estaba convencida del
triunfo que alcanzaría Marujita y por eso le dijo:
no te será difícil la prueba, y por el vestido no te
preocupes, pues Yolanda Gato y Ladra te pres-
tará el que lució en su fiesta quinceañera.
El destacado pianista Carlos Ansa la acompañó
en el ensayo previo a su presentación en *Bus-*
cando Estrellas con el repertorio de tres canciones españolas. Le dijo: eres muy afinada, y esto
lo tendrá en cuenta el jurado.

Llegué al estudio temblando como una palo-
mita y Mario Romeu, que sería el pianista acom-
pañante, al percatarse de mi nerviosismo, con
mucha paciencia me expresó: todo saldrá bien,
confía en ti y en tus posibilidades. Pero yo tenía
en la cabeza la expresión del camarógrafo, dicha
poco antes de pararme ante la cámara, cuando
exclama: ¡Miren cómo ha venido esta muchacha
a la televisión en blanco y negro: vestida de
blanco con tanto brillo!... No garantizo un buen
efecto de su imagen.

Maruja Calvo obtuvo el primer premio otorgado por el jurado, consistente en 80 pesos, así
como el de honor, conferido por el público. El 26
de diciembre de 1950, había entrado por la
puerta ancha del triunfo y esa misma noche la

contrataron como cantante fija del folclor español, en el programa *Buscando Estrellas*. Pero en su casa, no hubo comprensión, en especial el padre se opuso a que fuera actriz, debido a los prejuicios de la época y porque ella había sido criada según la moral y costumbres gallegas.

Me costó mucho llanto y ruegos convencer a mis padres de que yo al fin había encontrado mi verdadera vocación. Mi madre me acompañaba a todos los ensayos y presentaciones. Cada semana, tres veces salía en la pantalla del canal 4 de la televisión cubana; en el piano me acompañaba Romeu y el director de la orquesta fue siempre Julio Brito.

Con el elenco del programa de Pumarejo comencé las primeras giras por toda la isla de Cuba. No solo pagaban los gastos de mi hospedaje y comidas sino también los de mi madre, cumpliendo ella la promesa hecha a mi padre, de acompañarme a donde quiera que yo actuara, así fuera un lugar al final del mundo. Con el tiempo, mi madre fue la persona que más disfrutó mis éxitos y me daba aliento y fuerza para que nunca abandonara la carrera artística. Ella fue mi mejor amiga íntima, la mejor consejera y confidente.

En la fábrica de Sábanas Palacio, Marujita fue dada de baja ante la acusación hecha por una trabajadora de que se había empleado a una menor de edad, quien además era extranjera. Sin embargo, lo que había prevalecido era la envidia y el temor, pues Maruja, la última muchacha que había entrado en la fábrica, devino en la trabajadora más eficiente y, por lo tanto, los aumentos de salario siempre le corresponderían.

Maruja ensayaba por el día las canciones que en la noche interpretaría en la televisión; cuando regresaba del estudio, en la casa bordaba y cosía ropa de particulares para continuar contribuyendo a la economía del hogar. Muchas veces el alba la sorprendía con el dedal y la aguja en los dedos, haciendo un dobladillo para dejar listo un vestido antes de irse al estudio de la televisión.

Del Colegio Provincial de Periodistas de La Habana recibí una sobre, donde un agente de teatro de apellido Palma, me ofrecía un contrato para trabajar durante tres meses en México, en el Cabaret Río Rosa. Allí me conoce un promotor de la televisión mexicana y me propone trabajar en el gustado show Variedades de Medianoche, en pleno distrito de Ciudad México.

Durante cuatro años Maruja trabajó en México y no sólo como intérprete del género español, sino también se hizo actriz de la radio, televisión y el cine. Su rostro apareció en telenovelas y radionovelas con papeles protagónicos. En el célebre Cabaret *Capri,* compartió sus grandes éxitos con Pedro Vargas, así como en el programa de TV llamado *Bon Soir.* También en la televisión debutó junto con Agustín Lara, el tenor Juan Arbizu y otros famosos de la época.

131

En México trabajó con Agustín Lara, Pedro Vargas y otras grandes figuras del mundo artístico.

La bella figura de la artista aparecía con asiduidad en la prensa de México, Cuba y España, insertada en los espacios de la crítica, donde le conferían elogios y destaque por sus méritos histriónicos, así como por su belleza física y extraordinaria voz.

Dous amores a vida gardarme fan
A Patria que eu adouro e comeu fogar.
A familia e a terra donde eu nacin
Sin esos dous amores non sei vivir.

Maruja, en el repertorio de las canciones incluyó: Una noche en la era del trigo, Dous Amores y Quiéreme mucho; la última todavía muy cantada en Cuba, fue escrita por el gallego

Agustín Rodríguez, célebre escritor de canciones, libretos de teatro y zarzuelas como Amalia Batista, con la composición musical a cargo del maestro Gonzalo Roig.

Quiéreme mucho, dulce amor mío
que amante siempre te adoraré.
Yo con tus besos y tus caricias,
mi sufrimiento acallaré.

Cuando se quiere de veras
Como te quiero yo a ti,
es imposible mi cielo
tan separados vivir,
tan separados vivir.

El 24 de diciembre de 1958, Maruja Calvo regresa a La Habana, donde le esperaba una intensa vida artística en la televisión, sobre todo en los espacios: Gran Teatro y Desfile de la Alegría, en los cuales coincidió en ocasiones con la gran vedette de Cuba: Rosita Fornés.

En Radio Progreso trabajó especialmente en Cuba en el Mundo junto al actor y periodista Julio Batista, así como en la Novela de las dos, entre casi 20 programas más de la radio. En el teatro *Payret* cantó en zarzuelas y operetas, entre cuyas piezas se hallaron los títulos: La revoltosa, La Verbena de la Paloma, La Leyenda del Beso, La del Manojo de Rosas, Los Bohemios. En la década de 1990, actúa y canta en las novelas trasmitidas por la televisión: Prefiero las Rosas y Violetas de agua.

En sus recitales nunca dejó de cantar canciones del folclor español y en la televisión cubana es la única que ha interpretado piezas en idioma gallego.

Los escenarios internacionales también la reclamaron y a finales de la década de 1960, firmó un contrato con la televisión española y trabajó en la serie: La Justicia del buen Alcalde García, junto con el actor José Bódalos, así como en espacios de teatro, como en Antoñita la Farmacéutica. Y Palco Uno. En la coproducción cinematográfica, Cuba y Praga, fue llevada a la pantalla grande con el filme: Para quién baila La Habana. También en una coproducción Cuba, Inglaterra y Alemania, trabajó en la película: En la montaña la amapola Roja, así como en el filme cubano: La vida comienza ahora, la primera película en que debutara, dirigida por Vázquez Gallo.

Murujita en La Habana a su llegada con los padres
y el hermano.

En la actualidad, a veces canta en la Sociedad Cultural Rosalía de Castro e interpreta personajes para el espacio humorístico Punto G, trasmitido por la televisión cubana.

Me gustaría volver a trabajar en la radio, ahora que dispongo de mucho tiempo libre. Desde que mis padres murieron, vivo sola con mis cuatro gatos y mi entretenimiento favorito: coleccionar objetos antiguos, soy anticuaria. Experimenté dos grandes amores, pero nunca me casé ni tuve hijos. Una vez, a punto de casarme, mi novio me puso ante la disyuntiva de irme a vivir con él, pero dejando atrás a mis padres y le dije: hasta aquí llega nuestra relación amorosa. Otro quiso que yo abandonara mi carrera... Me casé con el arte, con la carrera artística.

Airitos, airiños aires,
airiños da miña terra;
Airiños, airitos aires,
Airiños, levaime a ela.

(Cantares Gallegos)

MARÍA, EL INTERESANTE DIARIO VIVIR

Con malenconía
miran para o mar
os que n' outras terras
tén que buscar pan.

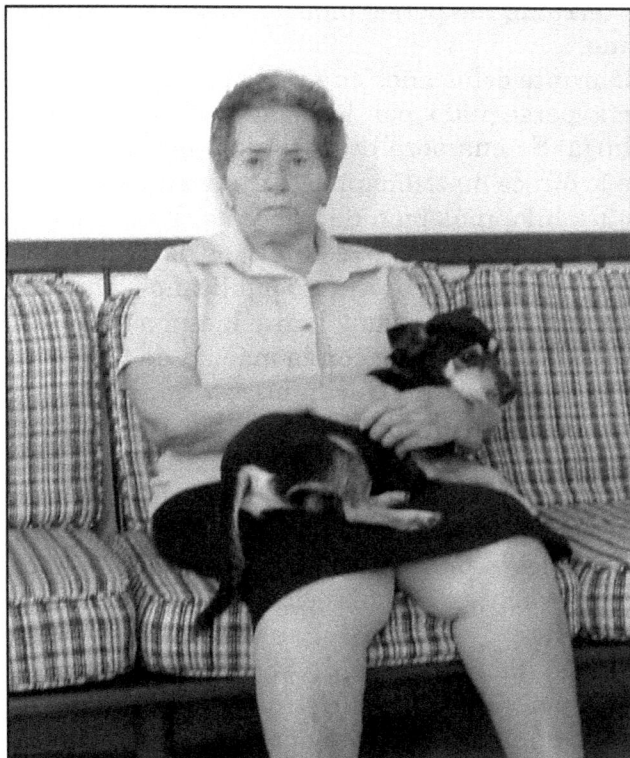

María Gondar Maza.

Los vientos alisios soplaban favorables a la navegación aquella noche de cielo estrellado y en la cubierta del trasatlántico *Reina del Pacífico,* la hermosa pontevedresa María Gondar Maza sintió una rara mezcla de alivio y melancolía ancestral. Atrás quedaba la empobrecida Galicia, su *terra nai,* en la que no volvería a residir. También su esposo había emigrado en 1924 en la búsqueda del pan que prometía Cuba y cuando harto de tanta morriña, regresó en 1935 al terruño, fue perseguido y acusado de republicano.

Durante estos años en que Manuel vive en Galicia perseguido por los franquistas, conoce a María. Se enamora de la tímida jovencita, pero no le ofrece matrimonio, sabe que su vida pende de un hilo, más bien de la suerte. Es llamado a las filas el ejército y estando en la Quinta, se pasa para el lado de los republicanos. Durante un combate es herido y lo trasladan a un hospital. Allí es apresado con la mácula de traidor.

En la espera del fusilamiento, Manuel pasa frío y hambre en el penal. Pero por gestiones de una hermana que conocía un general, a quien ella le arrendaba su casa en las vacaciones, logró escapar de la condena de muerte. En 1941, Manuel sale de prisión y es enviado a su vivienda bajo permanente vigilancia. Razón por la cual no puede volver a La Habana hasta 1950.

María había nacido el 28 de noviembre de 1922, en el pueblo turístico de Sanxenxo, rodeado de increíbles bondades de la Naturaleza: playas, bosques, montañas, mientras el pueblo, como dibujado por la mano de Dios, se hallaba en la pequeña llanura, justo en la falda de una colina cubierta en primavera por flores amarillas y toxos. Tenía ella 24 años y Manuel 36, cuando se casaron en Galicia, el 28 de diciembre de 1946. Tuvieron tres hijos, dos varones que perdieron por negligencias médicas, y una niña. Con la pequeña de dos años de edad, Alberta Engracia, la noble gallega inició su peregrinar.

A su llegada se impresiona con la mística capital de los cubanos, mucho le había hablado Manuel de La Habana, pero la realidad superaba todas las interpretaciones y fantasías que ella había tejido en la mente a partir de los relatos del marido. Era el 1ro. de mayo de 1952. María nunca olvidaría esta fecha.

Una tarde soleada de febrero repasa el diario de su vida de 83 años, la mayor parte ha transcurrido en La Habana. Sentada en la amplia saleta de la casa de la hija, en el municipio de Playa, de vez en vez y a través de una ventana, ella fija la mirada en la enredadera repleta de flores moradas, que se extiende por el muro de entrada a la residencia, mientras acaricia la cabeza del perrito Lennon que dormita sobre sus piernas. De su niñez y juventud en Galicia, no atesora buenos recuerdos. La madre tuvo 16 hijos, siete murieron antes de llegar a la adolescencia. ¿Qué recuerda María que se ha puesto tan triste?

Nunca hubo armonía en mi hogar. Mi padre llegaba borracho a la casa y con insultos conseguía siempre disgustarnos a todos. Me crié en medio de discusiones, escasez horrenda y pobreza. El

141

caos imperante en la casa de mis padres, más el hambre que pasé y las frecuentes crisis de asma contribuyeron a que me convirtiera en una persona triste, tímida y acomplejada. Mi vida en Galicia fue una tragedia, por eso no he sufrido tanta añoranza como si he observado en otros paisanos.

Aquí tampoco la vida ha sido coser y cantar. Al principio sufrí mucho la separación de mi madre y hermanos, y por eso, antes yo lloraba con frecuencia. De alguna manera o por intuición, supe que a lo mejor nunca más los volvería a ver. Menos mal que la presunción no llegó a cumplirse, porque he viajado cinco veces a Galicia y claro hace muchos años que mis padres murieron, pero todavía me quedan allá algunos hermanos y hermanas. A la que más extraño de todos es a Rosalía, le llevo 15 meses y todavía vive.

De todas las hermanas, Rosalía fue siempre su mejor aliada, consejera y amiga íntima. Tenían gustos muy parecidos y hasta juntas buscaban la compañía de la abuela para que les enseñara las habilidades de la costura y el tejido.

Yo creo que voy por el mismo camino que mi abuela, ella murió a los 98 años con una maravillosa vista. Sin espejuelos bordaba, cosía y tejía... yo tampoco uso lentes y todavía, con mucho trabajo, logro ensartar la aguja.

María es una gran conversadora. Maneja el

arte de la comunicación con gran facilidad e hil-
vana las ideas con sentido práctico y muy claro.
Asombra su memoria, especialmente para recordar cifras, fechas y las direcciones de los diferentes lugares donde ha vivido. Está orgullosa
de su familia, de raíces gallegas y cubanas.

*Mi esposo estudió bachillerato en Concepción
Arenal, la escuela del Centro Gallego, pero yo
me dediqué a cuidar a mis dos hijos. Aquí nació
el menor un año después de mi llegada a esta
capital, así que tengo una gallega y un cubano...
ah, y tres nietos y un bisnieto que del árbol ge-
nealógico es el más travieso, un encanto de niño:
alegre, ocurrente... No excluyo de mis grandes
afectos a mi nuera y a mi yerno... sabes, él es el
creador de Elpidio Valdés, ese muñequito que
simboliza al mambí y que tanto gusta a los niños.*

*Con el dinero que Manuel ganaba, en la venta
de tabacos, la pasábamos sin estrechez económica. Trabajaba en la vidriera que estaba en la
Manzana de Gómez, en la esquina de Zulueta,
cerca del Centro Asturiano y frente al parque
Central, desde las 7 de la mañana hasta las 12
de la noche ¡todos los días! Por eso, no podíamos
ir al cine, ni a romerías. Mi entretenimiento era
buscar en la radio la emisora de Suaritos, porque siempre ponía algún pasodoble y mucha música de las diferentes regiones de España. Me
gusta toda la música de antes: bolero, son, trova
y también de otros países, pero lo que son estos
ritmos de ahora...!uf!, que todo suena igual,*

143

nada me gusta...me parece monótona y muy escandalosa como esa que llaman pop, rap o reguetón, son ritmos igualitos. Oyendo música, tejí muchos calcetines y abrigos para los niños.

En Galicia, María pudo ir a la escuela cuatro años. Distinguida por inteligencia y avidez de conocimientos, aprendió muy rápido a escribir sin faltas de ortografía y a leer correctamente. El hábito de lectura fue tan evidente, que el maestro comenzó a prestarle de la propia biblioteca obras de los más famosos escritores de cuentos infantiles, entre quienes figuraron los hermanos Green y Anderson.

En mi casa había un solo bombillo de 25 watts para toda la casa y yo aprovechaba el poco tiempo que lo tenían encendido para irme a leer los libros en un rincón del cuarto, donde pocas veces me molestaban. Leía "muñequitos", que eran unas historietas muy bonitas, y también los cuentos más famosos de la literatura infantil: Cenicienta, La bella durmiente, Caperucita, así como a Blanca Nieves y los siete enanitos.

A mis padres no les gustaba verme leyendo, porque decían que con la lectura yo evadía las tareas domésticas. Eran injustos, porque tuve que comenzar a trabajar de criada a los 13 años de edad, por 10 pesetas al mes; comía y dormía en la tienda de los dueños, para no perder tiempo en el ir y venir de la casa.

Mi jornada, aún cundo estuviera con una crisis

de asma, se iniciaba a las ocho de la mañana y concluía sobre las ocho de la noche, yo trabajaba cada día como una mula de carga: lavaba, planchaba, cosía la ropa de la familia, y le llevaba la comida a los jornaleros del campo. De tanto trabajar, los músculos se me endurecieron, pese a que era muy delgada.

El fusilamiento del maestro, frente a la oficina de correo, representó un golpe muy duro para la niña, pues no pudo continuar sus estudios y tampoco tuvo acceso a la biblioteca. A partir de ese día, la esposa e hija del educador deambularon por las calles en penoso estado de miseria y este espectáculo quedó grabado en la memoria de María e hirió profundamente su sensibilidad.

Mi maestro Alfonso era una bella persona, muy humano. Nadie sabía si era republicano pero bastó que uno levantara la calumnia de que él estaba haciendo labor de proselitismo con sus alumnos, para que lo fusilaran. Lo mismo hicieron los franquistas con el médico Camaño, porque no entendían que cobrara a los ricos y a los pobres ni una peseta. Los ricos siempre serán de derecha y los pobres que nada tienen, de izquierda y esta era la cuenta que hacían los franquistas. Para ellos todos los pobres éramos republicanos.

Una noche, sacaron al médico de su casa y no volvió, dicen que su cuerpo cosido a tiros fue tirado en un camino junto a otros muertos. Todos

145

esos horrores contribuyeron al éxodo de la familia de mi esposo, principalmente de los hermanos. De Galicia había que huir, por el hambre y por culpa de Franco. Mató a muchos gallegos, no quiero acordarme de aquellos terribles tiempos.

María no gusta de los dulces y bebe el café amargo, es una costumbre adquirida en su hogar de Galicia, donde la familia nunca pudo darse el lujo de comprar azúcar, como tampoco hubo grasa para freír las papas o el pescado, que fueron los platos más frecuentes en la mesa.

El pescado y la papa los hervían o asaban. No había dinero para comprar aceite, así que de freír, nada. Mi madre hacía pan de maíz para acompañar el caldo con grelos y esta era la cena de cada día. Nunca tuvimos en la mesa queso ni carnes de cerdo o res. Pero sí vino exquisito del que sabía preparar mi madre. Por eso, vino siempre hubo, lo mismo el tinto que se hace con la uva negra, que el blanco de la uva dorada. Primero se exprimían todas las frutas y se guardaban el zumo junto con las cáscaras en cubetas y barriles grandes, donde el líquido "hierve" y se convertía en alcohol. Con el bagazo, se hacía un coñac casero divino... ya nadie sabe hacer, ni en Galicia ni en Cuba, el vino alvariño.

Hace 54 años que María vive en La Habana, donde confiesa haber sido muy feliz., no obstante algunas ausencias de parientes y amigos que la han afectado en determinados períodos

146

de su larga existencia.

Mi esposo falleció a los 86 años de edad, fue buen padre y marido. Persona muy introvertida y este fue su mayor defecto, porque hablaba tan poco que yo buscaba entablar conversaciones con las amistades o con mis cuñadas y él se impacientaba cuando me veía en estas pláticas. No le gustaba hacer visitas y los paseos más comunes consistían ir con los niños a la playa de la Sociedad Hijas de Galicia.

Cuando se marcharon sus hermanos, casi todos afectados por la ley de nacionalización o disgustados con el sistema socialista, a mí me pareció que el cielo y la tierra se unían. Me había encariñado tanto con mis cuñados que lloré mucho cuando tomaron la determinación de regresar a España. Pero, como el tiempo pasa veloz y restaña las heridas, ya eso es cosa del pasado. Ahora cuento con el refugió cariñoso de la familia, con los cuidados y atenciones que me brinda especialmente mi hija desde que aparecieron los problemas en los huesos y tengo dificultad para caminar.

A veces me escapo con un bastón y me voy a dar una vuelta por el barrio, aquí tengo muchas amistades, tantas como en la Habana Vieja, donde tengo mi casa y muchos recuerdos. Hace poco mi hija trajo para acá el álbum de fotografía, porque me gusta entretenerme viendo esas fotos. Las que más disfruto son las de los cumpleaños de los muchachos.

Es domingo y María quiere ver la película que trasmiten por el canal *Cubavisión*. En el tintero quedarán a buen resguardo detalles y evocaciones que ella promete contar otro día y enseñarme sus recetas de la cocina gallega. Dicen que probar un plato suyo, provoca chuparse los dedos y olvidarse de las libritas de más porque los aderezos obligan repetir el delicioso convite.

Suenan, y cruzan mi espíritu
puras, risueñas y hermosas
las sombras de los cien puertos
de que Galicia es señora.
Y lentamente pasando,
Como ciudades que flotan,
van sus cien naves soberbias
al ronco son de las olas;
mas, ¡ay!, como en ellas veo,
con el oro de sus costas,
sus tiernos hijos desnudos
que miran tristes a Europa,
pidiendo su pan amargo
a la América remota,
no acierto a deciros
si canta o si llora.

(Cantares Gallegos)

ANGELA ORAMAS CAMERO

CARMEN LUISA
Y LA ESCUELA *ROSALÍA DE CASTRO*

Era una noche pura,
tan clara como el día:
la luna repartía
su pálido fulgor.

Soy nieta de la gallega Manuela Bajo Gómez, *nacida en Betanzos.* Mi abuela nunca logró superar en La Habana, a donde llegó en 1924, la añoranza por La Coruña y quizás esta carga afectiva y melancólica que la envolvía de una manera muy creativa y hermosa la hizo patente en su nieta, cuando desde niña me rodeó siempre de atributos, sueños y amores por su tierra *nai, Galicia.* Relata con profundo orgullo Carmen Luisa Bajo Barrera, directora de la Escuela de baile y cantos tradicionales de Galicia, *Rosalía de Castro.*

151

Mi abuela murió en 1986 y antes de partir hacia Galicia me dejó una muñeca vestida de gallega; el traje lo había confeccionado ella misma. Y, en el escaparate de la casa abuela Manuela siempre me tuvo listo un traje típico de su patria chica, por eso para determinadas festividades de Galicia me vestía como una galleguita y de ahí que para mi familia yo era La Bailarina Española.

En Cuba la poesía *La Bailarina Española* todavía se recita en los matutinos de las escuelas que tienen por denominación El Beso de la Patria, efectuados los viernes. Fue escrita por el Apóstol de Cuba, José Martí, inspirado en la famosa cantante y bailarina Carolina Otero, nacida en Pontevedra en 1868, precisamente en el año en que Cuba se inició la guerra de independencia. Son datos que ofrece Carmen Luisa, mientras disfruta recitar alguno que otro verso:

Hay baile; vamos a ver/ La bailarina española dice en un verso entusiasmado José Martí, que antes ha preguntado si en la acera del teatro donde actuará la Otero han puesto la bandera de España, porque de estar el banderín él no puede entrar: *Han hecho bien en quitar/ El banderón de la acera; / Porque si está la bandera, / No sé, yo no puedo entrar.*

Fue muy bonito el encuentro de Martí con la Otero, pero no fue hasta hace poco que supe que la poesía tan recitada por mí en mis años de pionera, La Bailarina Española, se inspira en esta

152

gallega. Hace poco leí un libro donde se relata todo lo ocurrido aquella fría noche de 1890 en Nueva York, cuando José Martí embullado por un amigo visita el teatro del Museo del Edén, para disfrutar del arte de la célebre cantante y bailarina.

Terminada la función –le cuento a Carmen Luisa--, Martí escribió una ardiente crónica en el diario porteño La Prensa, donde afirmó: *...donde triunfa la Otero, la española de cara de virgen, la que cuentan que vivió en amores con el rey Alfonso, la que seduce con el poder de los ojos más que con el de su canto y baile, al público enamorado del museo del Edén.*

El diálogo se interrumpe, sin prisa bebemos café, hasta que mi entrevistada se pone de pie y comienza a taconear, en tanto recita:

Ya llega la bailarina:
Soberbia y pálida llega:
¿Cómo dicen que es gallega?
Pues dicen mal: es divina.

Lleva un sombrero torero
Y una capa carmesí:
¡Lo mismo que un alelí
Que se pusiese un sombrero!

Se ve, de paso, la ceja,
Ceja de mora traidora:
Y la mirada, de mora:
Y como nieve la oreja.

153

Me disculpas si he desviado la atención hacia La Bailarina Española, es que todavía me encanta recitarla y sabes... a veces monto alguna coreografía con las muchachas de la escuela de baile Rosalía de Castro, una interpreta a la Otero mientras otra recita. Mi curiosidad por esta bailarina me ha llevado a conocer que alcanzó el triunfó siempre en los grandes escenarios de Europa y América.

La carrera artística la convirtió en una mujer adinerada, con una vida de lujos. La Bella Otero despilfarró grandes sumas de dinero en los casinos y otras salas de juego y sin nunca olvidar la ayuda monetaria que enviaba a los pobres de Galicia. Por eso en su testamento, de lo poco que le quedó al final de la existencia, legó una suma para las personas más necesitadas de su ciudad natal, Valga (Pontevedra), lugar donde ella había pasado su infancia triste y pobre, donde no murió, pues falleció en la ciudad francesa de Niza.

Carmen Luisa dice que es una afrenta a la Bailarina Española si hasta el final no se recita la poesía:

Preludian, bajan a la luz,
Y sale en bata y mantón
La Virgen de la Asunción
Bailando un baile andaluz.

Alza, retando, la frente;

154

Cruzase al hombro la manta
En arco el brazo levanta:
Mueve despacio el pie ardiente.

Repica con los tacones
El tablero zalamera,
Como si la tabla fuera
Tablado de corazones.

Y va el convite creciendo
En las llamas de los ojos,
Y el manto de flecos rojos
Se va en el aire meciendo.

Súbito, de un salto arranca:
Hurtase, se quiebra, gira:
Abre en dos la cachemira,
Ofrece la bata blanca.

El cuerpo cede y ondea:
La boca abierta provoca;
Es una rosa la boca:
Lentamente taconea.

Recoge, de un débil giro,
El manto de flecos rojos:
Se va, cerrando los ojos,
Se va, como en un suspiro...

Baila muy bien la española
Es blanco y rojo el mantón:
¡Vuelve, fosca, a su rincón
El alma trémula y sola!

Carmen Luisa tuvo motivos sobrados para que su familia la llamaran La Bailarina Española, así lo cuenta: *Desde chiquita sentí gran atracción por los bailes de España, en particular por las muñeiras, la jota, y todo el folclor de Galicia.*

Mi madre y mis abuelos maternos eran de Islas Canarias, así que el ambiente de mi hogar estuvo premiado por los aires de la Madre Patria. Enterada mi abuela de que en la Escuela Rosalía de Castro la enseñanza incluirá danzas y cantos del mejor folclor de Galicia, no perdió tiempo y me matriculó a los 7 años de edad. Mi a abuela alcanzó verme bailar en el escenario, pues tres años más tarde partió definitivamente para Galicia.

Por aquella época de estudiante, la joven bailarina no pudo imaginar que en el año 2000 sería nombrada directora de la escuela *Rosalía de Castro*, insertada dentro de la Sociedad Cultural Gallega que también lleva el nombre de la excelsa poetisa de Galicia y España, donde además conocería a su futuro esposo, Sergio Toledo, actual presidente de la Federación de Sociedades Gallegas de Cuba y de la mencionada sociedad gallega.

Pero abuela también disfrutaba mucho verme bailar en su hogar, cada domingo, cuando toda la familia se reunía alrededor de la mesa que ella servía con platos típicos de España. Desde entonces acostumbro comer pan mojado en el caldo, porque abuela Manuela decía que era la

*cosa más sabrosa del mundo poner rebanadas de
pan de trigo sobre la sopa humeante , lo que nos
hacía chupar los dedos, una costumbre que también practican mis hijos y Sergio.*

El abuelo paterno de Carmen Luisa era leonés,
hombre de carácter muy fuerte e impositivo, lo
que contribuyó a que el hogar de Manuela no
fuera dulce.

*Mi madre me decía: tu abuela Manuela es una
santa, sólo por su manera de ser humilde y ge-
nerosa se aguanta y perdona a un marido tan
difícil como tu abuelo. Siempre sentí mucho orgullo de ser nieta de una mujer a quien toda mi
familia respetaba, quería y admiraba. Fue ella
quien primero puso en mis manos un poemario
de Rosalía de Castro, con el objetivo de que yo
conociera cómo en su época, había sido Galicia,
sus aldeas y por qué las mozas y mozos gallegos
se han pasado emigrando varios siglos. Me re-
petía: Niña mía, lee sus versos, porque Rosalía
es la hija más amada de mi tierra y la que logró
crear el retrato más fiel y hermoso de la dolorosa
y sufrida Galicia, donde yo vine al mundo y también tuve que peregrinar.*

Para Carmen Luisa, la escuela *Rosalía de Castro* significa mucho más que el centro laboral: *Es
parte importante de mi vida.*

*Cuando tuve a mi primer hijo, Gerard, por un
tiempo dejé de bailar, pero seguí visitando la escuela, en ocasiones llevaba al niño en un coche-
cito, luego él me acompañaba en su velocípedo y*

157

ya de adolescente, iba en patines. Se convirtió en el muchacho mimado de la Sociedad y Escuela Rosalía de Castro, un día, en medio del descanso de los bailares, se subió solo al escenario y se puso a imitar los movimientos de la danza que aquel día se ensayaba. Alguien que lo observaba me dijo: Carmen Luisa inscribe ya al niño en la Escuela. Poco después, comenzó a bailar en el Grupo Aires Gallegos. Ahora es mi nieto Gerard Alejandro, que con un año intenta bailar muñeiras. Creo que toda mi familia lleva en la sangre la música gallega.

La Escuela *Rosalía de Castro* cuenta con 400 alumnas, niñas y muchachas bien entrenadas en los bailes del folclor de Galicia, y con el *Grupo Aires da Habana*, compuesto por jóvenes de los dos sexos que tocan panderetas, gaitas y otros instrumentos. Sus directivos han estrechado lazos de amistad y asesoría con el presidente del Real Coro de Toxos e Froles, don Pedro Emilio Sans, socio de honor de la mencionada sociedad cultural gallega en Cuba.

Nos sentimos muy agradecidos de contar entre los socios de la Rosalía de Castro con don Pedro Sans, quien nos estimula a seguir adelante con la escuela, mientras brinda asesoría cultural y donaciones de telas y accesorios en general para la confección de los trajes de las bailarinas. A partir de este hermanamiento con el prestigioso Real Coro de Toxos e Froles, en Ferrol, nuestra escuela Rosalía de Castro se propone alcanzar nuevas y más difíciles metas de tradiciones galaicas.

¡"Casa grande", triste casa!
que d' aquí tan soya miro
parda, oscura triste masa.
¡"Casa grande", pasa, pasa…
Ti xa n' és más que un sospiro!

(Cantares Gallegos)

JOSEFA, SU PASO POR LA HISTORIA

Campanas de Bastabales,
Cuando vos oyo tocar
Mórrome de soledades.

Quizás este cantar popular de Galicia vino muchas veces a la memoria de Josefa, cuando al atardecer regando los retoños de lechugas, acelgas, berzas y pepinos que crecían en el huerto de su casa en el reparto habanero El Globo, escuchaba el tañer de las campanas de la iglesia de Calabazar. No era precisamente la hora del ocaso lo que más podía emocionarla; ni siquiera se detenía a mirar las coloraciones rosa y naranja de las nubes cuando el sol comenzaba a desaparecer por el oeste.

Su espíritu fuerte, aquel temple de gallega recia, nada tenía que ver con la hora agónica de la tarde. Pero era sólo en apariencias: *¡Qué triste, qué hora tan triste/ aquella en qu' sol s' esconde...!* Había leído alguna vez en un poemario de Rosalía de Castro y desde entonces, este instante misterioso de la tarde la envolvía en melancolía.

Nunca estuvo ajena a la emoción tan típica de la raza galaica. No es posible recordar a esta mondonés, Josefa Yañez, nacida en 1875, sin la añoranza por Galicia, siempre la tenía a flor de su corazón, escondida en el fondo de la memoria de los paisajes que habían rodeado al hogar de la niñez y que ella reverdecía en las conversaciones con las amistades, entre quienes se encontraba Conchita Fernández, quien había sido la secretaria de Eduardo Chibás, líder del Partido Ortodoxo.

Josefa Yáñez

Josefa y Conchita eran amigas entrañables desde que ambas abrazaron los ideales del partido liderado por el entonces senador Chibás, al que la gallega nunca perteneció por no haber renunciado a la ciudadanía española, pero siempre estuvo presta a cooperar en lo que estuviera a su alcance. El Partido del Pueblo Cubano, Ortodoxo, surgido de una escisión de otro partido, el Auténtico y oficialmente fundado el 19 de mayo de 1947, rápidamente sumó a sus filas miles de hombres y mujeres de las capas más humildes, así como numerosos simpatizantes.

Conchita tenía dos motes: La Secretaria de la República, así le decía Chibás, y Conchita Espina, como jocosamente la llamaba su querido amigo, el periodista y escritor Pablo de la Torriente Brau, caído durante la Guerra Civil de España. Había estudiado mecanografía y taquigrafía en la prestigiosa escuela *Concepción Arenal*, del Centro Gallego y por los excelentes resultados docentes devino en una eficaz secretaria. En diferentes períodos, fue la secretaria de tres grandes figuras de la historiografía cubana: Fernando Ortiz, Eduardo Chibás y Fidel Castro. De ahí que Josefa disfrutaba sus relatos y los tuviera en cuenta como un incalculable tesoro de vivencias de los tiempos difíciles de la Isla, antes de 1959.

Un día Conchita le contó a Josefa que cuando empezó a trabajar en el bufete del Dr. Fernando Ortiz, tenía 17 años de edad y era tan delgadita que Pablo comparaba su cuerpo con una espina y al rectificarle ella que su apellido era Fernández, este en broma le dijo es que me resulta más cómodo llamarte Conchita Espina, como la famosa escritora de España. Conchita fue amiga también de otros grandes intelectuales y revolucionarios de las décadas de la primera mitad de la República, entre quienes figuran Rubén Martínez Villena, Emilio Roig de Leuchshsenring y el poeta nacional de Cuba, Nicolás Guillén.

Conchita era hija de Elizardo Fernández, nacido en Orense y fallecido en esa ciudad en 1961.

Por esta otra razón, a Josefa le fascinaban sus visitas, porque de algún modo, también Galicia estaba presente en el diálogo. Varias veces su amiga evocó la espeluznante anécdota referida por Elizardo, acerca del hermano suyo, Pepe, un republicano a quien los franquistas ametrallaron y de cómo el joven si bien logró salvar la vida, nunca más volvió a caminar y anduvo en silla de ruedas hasta su muerte. ¡Tenía o no razón Josefa para calificar de privilegio las conversaciones asiduas con Conchita!

Aquellos diálogos transcurrían en un ambiente muy agradable, a veces interrumpidos para saborear una taza de café o el delicioso jugo de pomelos, mientras de fondo se escuchaba el trinar de los pájaros que anidaban en los árboles del patio de la casona de El Globo.

La primera mujer guerrillera en la Sierra Maestra, Celia Sánchez, visitaba con frecuencia a La Gallega, como también era conocida, porque al igual que a Conchita, gustaba de escuchar sus remembranzas confundidas en ternura y melancolía. Celia había iniciado las visitas cumpliendo con el deseo de Fidel Castro, de ofrecerle una atención esmerada y para que no se sintiera sola ni mucho menos desamparada, ahora que ya era una mujer longeva, viuda y sin familia sanguínea en la Isla. Su único hijo vivía en Argentina desde hacía más de 40 años. Josefa jamás pidió nada hasta poco antes de morir, cuando presintió que su vida se apagaba como una velita: *Dile a Fidel que le hice vino de pomelo, que lo estoy esperando.*

Lo mismo le había dicho a Pedro Trigo, vecino

y amigo muy querido, a quien Josefa conocía
desde la época en que ella simpatizaba con el
ideario político del Partido Ortodoxo, en el cual
militaban los hermanos Trigo, Julio y Pedro, así
como el joven abogado Fidel Castro. Recuerda
Pedro Trigo de la emoción de Josefa el día que le
presentó a Fidel y de la coincidencia de haberse
reunido en el memorable encuentro tres gallegos, Josefa, Julio y Pedro, y dos hijos de gallegos,
Fidel y Abel. A los cuatro los hermanó el ideal de
justicia, el valor y el propósito de mejorar la vida
del pueblo cubano.

*La primera vez que Fidel la visitó, en compa-
ñía de Abel Santamaría, fue vestido con un traje
de casimir azul oscuro y una boina negra gallega*, relata Pedro Trigo, y añade: *Josefa les
brindó vino de pomelos y como se percató de que
a Fidel le había encantado el licor, hecho por ella
con toronjas del patio de la propia casa - le quedaba muy exquisito-, a partir de ese momento
siempre le conservó añejada esta bebida. Hacía
poquito que la Revolución había triunfado
cuando Fidel se le apareció a Josefa y de aquel
encuentro nuestra querida gallega de El Globo
hablaba con mucho agradecimiento. 'Pedro –me
dijo muy contenta-, Fidel se tomó no una copa de
mi vino, sino un litro!' Qué gusto me dio verlo
entrar por la puerta, con su traje de Comandante en Jefe y la boina verde olivo, y ponerse a
conversar como en 1950, cuando le di a probar el
vino de pomelos y me lo celebró ¿te acuerdas?'.*

Fue en el portal de la vivienda de esta gallega

165

tan querida por los *moncadistas*, la primera vez que Fidel habló de la necesidad de hacer una Reforma Agraria en Cuba, el 5 de marzo de 1952, ante un numeroso grupo de campesinos de la zona. Muchos habían sido desalojados sin previo mandato judicial por el entonces corrupto presidente Carlos Prío Socarras de cinco fincas aledañas, que en conjunto ocupaban 54 caballerías y media. Prío sustituyó la mano de obra del campesino por la del soldado de su ejército en cuanto pasó a su propiedad estos terrenos, adquiridos mediante robo y otros oscuros procedimientos. Aquella noche, también en la casa de Josefa, Fidel anunció la lucha que emprendería a favor de los humildes.

En la actualidad sobre las 54 caballerías se extienden los bosques, jardines botánicos y lagunas artificiales del Parque Lenin, que sirven de recreo a las familias y en particular a los niños durante los meses de vacaciones. Una tarja fue colocada en el portal de la casa donde residió Josefa, para indicar la fecha y lugar donde fuera prometida la Reforma Agraria, una de las primeras leyes puesta en vigor al triunfo de la Revolución en 1959.

Josefa admiraba tanto a Fidel que se volvió fidelista y con gozo ofreció su casa para la celebración de reuniones clandestinas donde se preparaba el asalto al Cuartel Moncada, la segunda fortaleza militar más importante de la República; no era mujer de paños tibios, sino de un carácter fuerte y muy firme en sus ideales, la recuerda emocionado Trigo.

En muchas ocasiones, Josefa invitaba a cenar a la madre de los Trigo, coterránea suya, y preparaba platos de la cocina gallega. La especialidad consistía en el caldo con la berza y el ajo porro. Las empanadillas, el queso y el vino de la anfitriona tampoco faltaban sobre el mantel bordado a mano. Del jardín eran cortadas las rosas y colocadas en un jarrón de cristal transparente, en el centro de la mesa.

Yo no puedo dejar a Cuba, le dijo Josefa a su hijo las dos veces que él intentó llevársela para Argentina, cuando ella enviudó cerca de los 68 años de edad. Su esposo había fallecido en 1943. Su agradecimiento con la patria de los cubanos no tuvo límites. Había emigrado a La Habana muy jovencita, en 1911, casada con Manuel Basanta. Huyendo de la pobreza de Mondoñedo, Manuel había llegado unos meses antes que ella y ya tenía trabajo en los ferrocarriles, lo que permitió comprar un terreno en el reparto El Globo y fabricar una confortable vivienda. Allí nació y se crió su hijo hasta que el muchacho se fue para Buenos Aires, embullado por los tíos paternos.
Cierto es que Josefa contó siempre con la protección del gallego Juan López, un amigo solterón que era como de la familia, a quien Basanta le había construido una habitación y cocina a un costado de la propia vivienda. Pero, el vínculo mayor de la buena mujer era con el país que amaba como a su terruño natal y no quería volver a experimentar la emigración. Con el paso del tiempo se sintió tan cubana como galiciana.

Si se iba para Argentina su añoranza y crisis de ausencias, soledades y renuncias de costumbres se multiplicarían. Ella conocía muy bien lo que significaba emigrar: dolor profundo clavado en el pecho por vida. Tampoco podía regresar a Galicia, allá nadie la esperaba. Una parte de la familia había emigrado, sus padres estaban muertos y los más pequeños apenas habían oído hablar de la tía Josefa, como si se tratara de un personaje de leyendas.

Buenos días Josefa ¿cómo te sientes hoy? Josefa, ven a tomar una tacita de café que acabo de colar. Ah, mira qué manos tienes Gallega, estas hortalizas crecen de maravilla con tus cuidados. No, de ninguna manera, Josefa no abandonaría a la solidaridad y el afecto de aquellas personas que le abrieron las puertas de sus casas desde el mismo día que se mudó para El Globo. Allí envejeció y permaneció hasta su fallecimiento el 1 de marzo de 1970, en el hospital La Covadonga, hoy Salvador Allende. Había residido en La Habana 59 años.

El pueblo acompañó los restos mortales de la querida gallega Josefa Yáñez hasta el cementerio de Calabazar, a unos 20 kilómetros de Ciudad de La Habana, y le cubrió la tumba con numerosas coronas de flores, una tenía sobre la cinta violeta, la dedicatoria con letras doradas: De Fidel Castro Ruz.

Lugar máis hermoso
no mundo n' hachara,
qu' aquel de Galicia,
Galicia encantada.

Galicia florida
cal ela ningunha
de froles cuberta,
cuberta de espuma.

De espumas qu' o mare
con pelras gomita,
de froles que nacen
a ó pé das fontiñas.

De valles tan fondo,
Tan verdes, tan frescos,
qu' as penas se calman
no m'ais que con verlos.

(Cantares gallegos)

PANCHITA, MADRE DE LOS TRIGO

> *Mais,vé qu' o meu corazón*
> *é un-há rosa de cen follas,*
> *Y é cada folla un-ha pena*
> *que vive apegada n' outra.*

Francisca en Galicia con sus hijos, Julio y Pedro, y
una hermana.

171

Ni en Galicia ni en La Habana, hubo lecho de rosas para Francisca López Sánchez, la vivariense Panchita. Vivió entre temores, sobresaltos y soportó el más duro golpe que puede una madre recibir, cuando le trajeron la noticia del asesinato del hijo mayor, Julio, horas después del cese del ataque al cuartel Moncada, el 26 de julio de 1953.

El dictador Fulgencio Batista había ordenado matar sin juicio a los prisioneros y a los que serían capturados después de aquel trascendental hecho, ocurrido en la mañana de la Santa Ana, en Santiago de Cuba. Así los días 26, 27, 28 y 29 de julio, luego de atroces torturas fueron segadas las vidas de 70 jóvenes; precisamente, en esta orgía de sangre fue asesinado el hijo de la gallega Panchita. *La Historia no conoce una masacre semejante ni en la época de la Colonia ni en la República*, escribió Fidel en su *Manifiesto a la Nación*, cuyo documento circuló clandestino meses más tarde de concluido el juicio contra los sobrevivientes.

En el asalto al cuartel Moncada, en la provincia de Santiago de Cuba, participaron entre gallegos e hijos de gallegos unos 15 jóvenes, como el abogado Fidel Castro Ruz y Abel Santamaría Cuadrado, primer y segundo jefes de la acción respectivamente y una hija de gallegos, Haydée, hermana de Abel, quien ha pasado a la historia de Cuba como heroína del Moncada y los dos hijos de Panchita: Julio y Pedro Trigo López, el último con sólo 24 años de edad.

Por la mediación del arzobispo de la catedral

de Santiago de Cuba, Monseñor Enrique Pérez Serantes, natural de Galicia, lograron salvar la vida 32 prisioneros. El clérigo inició las gestiones de búsqueda bajo la condición de que fueron garantizadas las vidas de los llamados moncadistas.

Una foto hecha por el fotógrafo del cuartel Moncada, evidenció las horrendas torturas a que fue sometido Julio, con apenas 27 años de edad. En la parte izquierda de su rostro faltaba un ojo, mientras los huesos y piel de ese lado se mostraban triturados por los golpes. Asimismo, se presume que le amputaron los testículos. La brutalidad no amedrentó al joven gallego, por eso en el último suspiro tampoco se le escapó ni una palabra que pudiera delatar el nombre del jefe principal del ataque a la fortaleza, Fidel. Julio Trigo López queda en la historiografía de Cuba como uno de los más firmes y valientes participantes del Moncada.

El 25 de julio, había sufrido una crisis de hemoptisis y Abel Santamaría le ordenó regresar a La Habana, pero Trigo decidió participar en la acción y se incorporó al grupo que se hallaba en el hospital Saturnino Lora, allí fue herido en una pierna, no obstante siguió combatiendo, hasta que junto con Abel, fue apresado. Horas más tarde, fueron torturados y asesinados.

La madre no imagina dónde se hallaban sus únicos muchachos, más bien los creía disfrutando de vacaciones en la playa de Varadero. Por eso el 27 de julio, cuando Pedro llegó a su casa, ella se limitó a observarlo. Pedro le dice:

mamá estuve en el asalto al Moncada... Ella sobresaltada, lo interrumpe: *¿Y, Julito dónde está?*
La intuición de que algo terrible estaba suce-
diendo con el hijo mayor, hizo que el corazón le
diera un vuelco en el pecho.

Francisca y el retrato de su hijo mártir Julio Trigo.

Pedro trató de calmarla: *Él tuvo hemoptisis y
seguro que está a resguardo en la casa de algún
amigo.* En realidad, pensaba que su hermano estaba a salvo, quizás recuperándose de la hemoptisis en el hogar del administrador de la fábrica
de Iromber de Santiago de Cuba, primo de Amé-
rico Requena, quien a su vez era amigo de Julio.
Al menos esto era en lo que también Pedro
mismo se aferraba creer. Sin embargo ella, madre al fin, se dejó llevar por los presentimientos
e insistió: *No me engañes Pedrito, dime la verdad ¿dónde está Julito?*
El domingo 3 de agosto, el periódico El Mundo,
publicó el listado de los muertos del Moncada,

174

encabezado con el nombre de Julio Trigo López. A Pedro le llevaron el diario sus amigos y compañeros de lucha: Manolito Hevia Blanco, presidente de la cédula en Santiago de las Vegas del Partido Ortodoxo y tres que también habían estado junto con él, en el Moncada: Pedro Gutiérrez, Oscar Quintela y Néstor González. Pedro vivía con su esposa y suegra en el reparto El Globo, próximo al pueblo habanero de Calabazar, y de inmediato partió en el auto de Hevia a darle la noticia a la madre.

¿Qué pasa... dónde está Julito? Con esta pregunta, muy desesperada y la mirada profundamente triste ella volvía a indagar por su otro hijo. Pedro la conminó a que fuera para su casa en El Globo, donde la esperaban varios compañeros suyos que le ofrecerían informaciones. Ya dentro del auto y en medio de la carretera que une a las dos poblaciones, a Pedro no le queda otro remedio que responder la insistente pregunta de la madre: *Mamá, se presume que Julito esté muerto.*

Panchita se echó a llorar, en tanto se había llevado las manos al pecho, como para apretar su corazón que de tanto dolor pugnaba por salírsele. Ya en el hogar del hijo menor, le trajeron una taza de tilo humeante que ella bebió despacio, sumida sabe Dios en cuántos recuerdos. No hizo más preguntas. Al cabo de un silencio, miró a Pedro y le dijo: *Cuídate mucho, sólo me quedas tú* y se llevó un pañuelito pulcro al rostro en un intento por secar la profusión de las lágrimas.

Mamá lloró, lloró hasta que los ojos se le pusie-
ron rojos y secos ¡ni antes de este golpe, ni des-
pués la vi llorar tanto! Luego, quiso regresar a
su casa de Calabazar, donde el pueblo, volcado
en las calles, la estaba esperando para darle el
pésame. Julito era muy querido por todos nues-
tros vecinos, él estudiaba la licenciatura en far-
macia y auxiliaba a cualquier enfermo. Re-
cuerdo que hasta de madrugada salía a poner
una inyección o para darle los primeros auxilios
a quien lo necesitara. Aquel día, vi a muchas
personas entristecidas y llorando mientras le
daban el sentido pésame a mi madre.

Panchita era de carácter fuerte, las grandes
emociones y adversidades afrontadas la dotaron
de esta coraza, y muy fiel a las ideas de sus hijos.
Por eso cuando le propusieron traer los restos de
Julio para el cementerio de Calabazar, se opuso
y con extraordinaria grandeza de espíritu dijo
que él debía continuar en la necrópolis Santa Ifigenia, de Santiago de Cuba, donde mismo des-
cansaban sus hermanos mártires del Moncada.
Colocó un retrato de Julio en la repisa del come-
dor y un búcaro donde no faltaban las flores en
los aniversarios de nacimiento o muerte de su
muchacho. A partir de entonces, muy pocas veces se le vio sonreír, anduvo siempre envuelta en
un halo de melancolía profunda y de cierta sere-
nidad que la gente confundió con enajenación.
Refugiada en un rincón de la casa, en ocasiones
la sorprendían en plena meditación o llorando.
No fue hasta el triunfo revolucionario en 1959,

que pudo visitar la tumba del hijo y llevarle rosas blancas.

Todo el pasado afloraba muy clarito en la mente de Panchita, nacida como el esposo en 1895 y en la misma aldea de Miñotos, Viveiro. Desde que abrió los ojos al mundo y tuvo conciencia, sólo conoció dificultades económicas, riesgos, sufrimientos y sobre todo, luto. Fue una niña muy pobre, no pudo ir a la escuela y mucho menos soñar con jugar a las muñecas. Su único amor fue Servando Trigo Rouco, a quien primero le unió la gran amistad surgida en la niñez, cuando su familia y la de él hicieron como un pacto de familia inquebrantable ante las adversidades.

Servando llegó primero a La Habana, en 1921 y consiguió el empleo de chofer de taxi. Dos años más tarde, Panchita desembarcó de un viejo trasatlántico, por el Muelle de Luz y vivió un tiempo en el humilde hogar de Antonia, la hermana de Servando, en un solar que existía en 29 y Zapata, cerca del Cementerio de Colón. En 1924 se casó en una notaría de la Habana Vieja, de su familia ni un solo miembro estuvo presentes, porque ella había sido la única que tomara el difícil y doloroso *camiño* de la emigración.

El matrimonio habitó por poco tiempo una vivienda de la calle Escobar y de allí se mudó para Infanta No. 90, donde nació Julio, el 27 de mayo de 1925, y tres años más tarde, Pedro, el 29 de junio de 1928. Francisca comenzó a presentar problemas de salud y los médicos recomendaron su retorno a Galicia. Con sus pequeños hijos, uno de tres años y el otro de 8 meses, comenzó a enfrentar sola la vida económica en Miñotos. Se instala en una rústica casita de piedra y lajas sin pulir que tenía dos habitaciones, la amplia cocina en los bajos y arriba el dormitorio. El agua y la leña para cocinar, había que buscarlos en un manantial y tupido bosque muy distantes del hogar, donde al crecer los niños también recogían castañas, el alimento básico de aquel humilde hogar.

Recuperada Panchita, encontró trabajo de jornalera en la siembra de la papa; ahorró algunas pesetas y compró una vaca a la que le pusieron Marela, por su color mostaza. De un lado al otro del campo se movía Panchita con Marela y los dos hijos; al medio día y en medio de su descanso, ordeñaba la vaca y les daba leche a los niños. Durante las tardes, se echaba al hombro una máquina de portátil y cosía la ropa de la casa de Ricardo Pita, dueño de la finca en la cual laboraba como jornalera. El pago era igualmente miserable, apenas una peseta por la costura de un pantalón, vestido y camisa.

Pese a lo agotada que debía llegar a su hogar por la doble jornada laboral, todavía sacaba un tiempito para recoger en el patio nabos, cebollas y berzas que echaba en el caldero de hierro, colocado sobre un trípoli en la cocina. El caldo gallego y el pan de trigo, que tambіén lo hacía ella en el rústico horno, fueron siempre el sustento característico de esta familia. Los tres se sentaban a comer en silencio, *porque es de mala educación hablar o hacer ruido durante la cena*, advertía Panchita, mientras servía el caldo en los platos de lata. Poco antes de ir a la cama los niños, bebían leche hervida con castañas.

Por ser mujer, a Panchita el patrón le pagaba tan poco, una "perra chica" diaria, que nunca logró comprar zapatos de piel a los niños, por eso cuando en 1936 regresó a La Habana, los muchachos trajeron el calzado de zocas con los que habían resistido el fango y la humedad del mal tiempo imperante en la aldea.

Por culpa de aquellos zapatos de madera, Julio y Pedro, debieron soportar bromas de mal gusto y burlas de los chicos del barrio habanero. Sin embargo, un gallego bodeguero, aplastado por la morriña, le decía a Pedro: *rapaz ven siempre con tus zocas, no hay zapatos más bonitos que esos, y si me complaces te regalo todas las galletas dulces de María que quieras comer. Tú no sabes lo feliz que soy oyéndote hablar en gallego, aquí los paisanos se olvidan de nuestra lengua y no quieren hablarla ni conmigo en gallego.*

En la aldea construyeron una escuela con el aporte de los emigrados en Cuba, gracias a ello los niños aprendieron a leer y escribir en idioma gallego y por eso cuando volvieron a La Habana, sólo pudieron expresarse en lengua materna. En las noches, la casa era envuelta en la penumbra, muy pocas veces se encendía el candil.

Los muchachos se dormían temprano, casi siempre escuchando el ulular del viento y la lluvia golpeando el techo. Una noche de intenso frío, Panchita escuchó un leve crujir en una de las paredes y sintió miedo, y para desviar la atención se puso a conversar con los niños más de lo acostumbrado: *Mañana voy a preparar una cena muy sabrosa, con carne de puerco, vienen*

el tío Miguel y Angelita ; quiero ponerles en la
mesa lo mejor que tengamos... ustedes me van
ayudar y les pido que no estén majaderos ni mu-
cho menos alborotados.

La casa de Miñotos se derrumbó, dos días después que partió la familia hacia La Habana.
Panchita, Servando y Julio jamás pudieron volver al terruño. Para los niños, uno con 9 años y
el otro con 12, el regreso a la capital cubana significó un gran acontecimiento, nada recordaban
de la ciudad que debieron abandonar muy pequeños. El paisaje urbano los cautivó desde el
primer momento, además del clima cálido tan
diferente al de Viveiro y la maravillosa luz del
trópico. Servando trabajaba como mecánico de
las serpentinas y otros equipos, entre estos las
máquinas para esterilizar los litros, en la leche-
ría de Murguía, Alejo y hermano, ubicada en
Arroyo Naranjo. Por eso se llevó a vivir a la esposa e hijos al municipio de Calabazar, a un
apartamento modesto, edificado dentro de la
finca de Los Molinos. Poco después, la familia se
instaló en la casa marcada con el número 13, en
la calle Martí, del mencionado pueblo.
Dicen que la felicidad dura poco y es justamente lo que ocurrió en la familia Trigo López.
Como todos los días, Servando se había despe-
dido de Panchita al filo de la mañana, sin sospechar que sus días estaban ya contados. Se hallaba Trigo haciendo hielo, cuando escuchó el
grito de terror de Pancho El Manuagüero, de inmediato salió corriendo rumbo a la cuadra,

donde halló al empleado a punto de ser embestido por un toro.

Servando puso salvo a su compañero de trabajo y regresa al corral, le acaricia la cabeza al toro en el afán por calmarlo. Aparentemente tranquilo el animal apenas se movió mientras se deja pasar la mano por su cabeza, luego Servando le da muy confiado la espalda y es en este instante cuando recibe la violenta embestida del animal, encajándole un cuerno en el estómago. Los intestinos cayeron al suelo, Trigo los recogió con sus manos y se los colocó con partículas de tierra, lo que le causaría una fatal infección.

Sin pérdida de tiempo, la víctima fue trasladada en estado de gravedad a la clínica La Benéfica, del Centro Gallego, donde fallece el 8 de octubre de 1938, a los 42 años de edad. Los restos de Servando fueron sepultados en el panteón de los masones: Unión Ibérica de la Gran Logia de Cuba. Panchita vio así truncada su felicidad por la muerte del amado esposo. *¿Qué hacer, cómo voy a enfrentar la vida sola en un país extraño y con dos hijos pequeños?*

Pero la viuda de Trigo de nuevo sacó fuerza, voluntad y valor, tanto como cuando batalló por sus hijos allá en su aldea. Había aprendido autodidactamente a coser, bordar y tejer y con este oficio seguro que encontraría un empleo. Sin embargo, lo único que le propusieron fue un trabajo de planchadora en la tintorería La Minerva, bajo el requisito de que renunciara a su ciudadanía española y se acogiera a la cubana, trámite que no le quedó otro remedio que realizar.

Panchita no sabía sumar y durante algunos meses laboró sin percatarse de la vil explotación a que era sometida por parte de Lola, la esposa del dueño de la tintorería, ambos de origen español. Adquirió mayor habilidad y experiencia, por lo cual notó que cada día planchaba mucho más piezas que el anterior y no obstante, siempre le pagaban lo mismo. Le comentó el asunto a Julito, quien le puso en una libreta 4 rayas largas, para que sobre cada línea fuera marcando con un palito cada pantalón, saya o vestido que planchaba. Así quedó al descubierto que continuaba percibiendo el mismo salario de cuando sólo planchaba 10 piezas por día. Reclamó y obtuvo el aumento.

Diariamente caminaba 6 kilómetros, para ahorrarse los 10 centavos del transporte de ida y vuelta al trabajo. Con este y otros ahorros, Panchita compró su casa y un panteón en el Cementerio de Calabazar, había perdido la esperanza de retornar al corruncho y presintió que en suelo cubano tendría el reposo eterno.

Era una mujer muy atractiva. Su belleza no permitía andar inadvertida en la calle y por eso era objeto de frecuentes piropos, aun cuando todos sabían que recién había enviudado. Alguna que otra vez, le propusieron matrimonio y ayudarla con la crianza de los hijos, ante lo cual solía ella decir *¿para qué, si ya los muchachos dentro de poco serán hombres y yo no tendré que trabajar tanto?*

Triunfó la Revolución. Fidel la visitó una tarde y ella le agradeció aquel gesto que no olvidó ni

siquiera ya longeva. La buena mujer debió recordar las veces que vio llegar a su hogar, muy
cansados a Fidel y Abel y de cómo ella se las
arreglaba para que le aceptaran la cena con sus
muchachos, sin sospechar que los jóvenes estaban a punto de protagonizar el trascendental
asalto al cuartel Moncada.

Panchita no sólo era muy agradecida, sino humana, una gran mujer, digna de admiración y
respeto. Los años pasaron y cuentan que ella
sentía una adoración infinita por el bisnieto Pedro Julio y que el pequeño podía hacerla reír a
carcajadas y sacarla del síndrome de la soledad
y de aquel letargo en que solía caer a menudo.

Francisca López Sánchez, la gallega Panchita
de Calabazar, murió a la edad de 93 años, el 5
de diciembre de 1998, en el hogar atendido por
las monjitas de Santa Susana, en el municipio
de Bejucal.

De noite, de día,
n' aurora, na sera,
oiresme cantando
por montes e veigas.

Quen queira me chame,
quen queira m' obrigue
cantar, cantareille
de noit e de día.

(Cantares gallegos)

FLOR MARINA, MADRE DE CORONELES

De su alma en lo más árido y profundo
fresca brotó de súbito una rosa,
como brota una fuente en el desierto,
o un lirio entre las grietas de una roca.

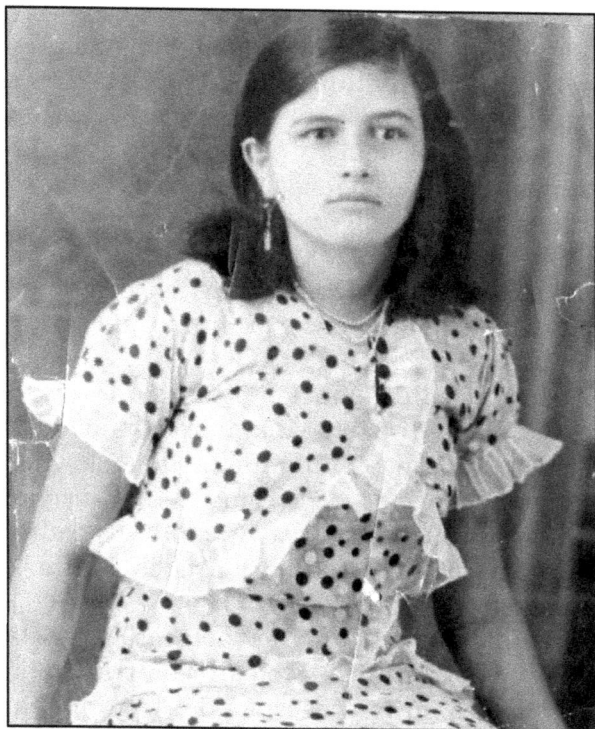

Flor Marina Carpio, sus tres hijos integraron las filas del
Ejército Rebelde, uno cayó en combate.

187

Cerca de la mina del cobre, donde se adora la Virgen de la Caridad, Patrona de Cuba, nació Flor Marina González Carpio, en 1914. Creció en la finca Arroyo Grande de los padres, ubicada en la zona de Dos Palmas, Santiago de Cuba. Muy pequeña aprendió a bañarse en las aguas transparentes de los ríos y a soñar cuando de noche se iba a cazar cocuyos y observaba el bosque de palmas reales plateado por la luna. A veces se acostaba de bruces sobre el césped para contar las estrellas.

Hija de campesinos, comenzó a trabajar la tierra: sembró yuca, plátanos, malangas y también cultivó café. Sabía ordeñar vacas y criar cerdos y gallinas. En ocasiones y en medio de estas labores cantaba las canciones de la trova cubana, que interrumpía si algún ave trinaba en la sabana. Tenía 17 años cumplidos cuando conoció al gallego José María Díaz Rodríguez, con quien vivió un amor, tan intenso y profundo que la condujo al matrimonio.

Flor Marina y José María se fueron a vivir a Galicia en el año 1931 y se instalaron en la aldea de Cereixa, Lugo, en la humilde casita de los tíos que lo habían criado a él como a hijo propio, desde que quedara huérfano de madre y padre. Allí les nacieron los tres hijos varones: Manuel, Faustino y José.

Sin abandonar las labores domésticas y la crianza de los tres hijos, Flor Marina trabajaba como jornalera en las cosechas del trigo, papa, maíz y frijoles. También pastoreaba la vaca, los chivos y cuidaba de la alimentación del puerco que tenía la familia. Estos animales dormían debajo de la vivienda, sostenida por pilares. En el primer piso estaba la cocina y arriba se hallaban los dormitorios. De noche se encendía un candil de luz brillante, pues no existía la energía eléctrica en la aldea.

En Galicia ella pasaría mucho trabajo y también sufrimientos, siempre envuelta en la añoranza por Cuba. Estalló la guerra civil española y Galicia cayó en manos de Franco. José María fue arrestado junto con otros hombres de Cereixa y pese a que casi todos fueron fusilados, a él lo salva de la masacre el boticario de la aldea, quien era jefe falangista.

Tiempo atrás, este farmacéutico había sido defendido por José María de los atropellos que fuera víctima entre algunos pobladores. Por eso y en agradecimiento reciproco, cuando lo toman preso, el boticario se lo lleva para su casa y le dice: Quiero protegerlo como usted hizo conmigo, sin sospechar que José María era republicano y miembro del Partido Comunista Español. Por su lado y hasta ese momento, José María no había conocido anteriormente del vínculo del boticario con la falange.

Flor María cargaba sola con la responsabilidad del hogar, los hijos, el trabajo en el campo y la angustia diaria al pensar que la vida de Jose María pendía de un hilo. Vivirá así los terribles años de la guerra, mientras se adaptaba al largo período de las lluvias y el crudo invierno, que le parecía más insoportable cuando le entraban los deseos de sentir el clima cálido imperante en su isla caribeña. Ella cuidaba también de inculcarle a los hijos los más altos valores humanos como el respeto a los padres, la educación, el valor, las ideas progresistas, y el infinito amor por Galicia y su patria, Cuba.

Por esa época la Isla convertida en neo-colonia yanqui, y según comentaban los "indianos", se hallaba atascada de rollos políticos y corrupción, además del desastre social y económico tras los gobiernos de Menocal, Zayas y Machado. No era tampoco lugar para criar a los muchachos que todavía eran pequeños y porque era casi imposible salir de Galicia en aquellas circunstancias bélicas.

Después de veinte años en Galicia, Flor Marina regresa a Cuba, el 29 de abril de 1951, acompañada del esposo y los tres hijos varones. Del barco Monte Albertia de la compañía naviera vasca Aznar, desciende la familia por el muelle de Luz. Pasa una noche en La Habana, en el Hotel Sevilla con miras a viajar al día siguiente en la Ruta 34 Habana-Oriente hasta Santiago de Cuba. Solo José María ha quedado en La Habana en la espera de recoger los baúles, que debió sacar de la aduana dos días después del arribo.

El hermoso paisaje cubano, con el predominio de los tintes verdes y azules, impactó a los hijos de Flor Marina, especialmente a Manuel que entonces tenía 17 años de edad. El ómnibus hace una parada en Las Claritas, un punto en la carretera central, en la parte oriental de la Isla. Algunos pasajeros, entre ellos la familia Díaz González, abordan el transporte que se dirige a Dos Palmas, donde encontrarán bodegas y kioscos repletos de frutas: piñas, mamey, mango, plátanos y guayabas. Un rato después, Flor Marina y sus hijos continúan el viaje, pero a pie, hasta la finca Arroyo Grande, donde todavía vivía la madre de ella. Años después, de allí se mudaron para la cercana finca de Julio Franco.

Todos se dedicaron a las labores del campesinado cubano: corte de caña, recogida del café, siembras de viandas y hortalizas y también a la preparación de hornos para la venta del carbón vegetal. Una noche, mientras en familia celebraban el acontecimiento insólito de que con un horno pudieron llenar de carbón ciento ocho sacos, José María comentó que el porvenir de sus hijos no podía continuar por el mismo rumbo de los padres y abuelos, por lo tanto tenía decidido el traslado de la familia para la ciudad de Santiago de Cuba, para que los hijos, y de acuerdo con su pensamiento, aprendieran en la escuela y en la calle. Cada saco de carbón fue vendido por un peso.

Dejaron la finca y se mudaron para la calle Cambute, en una modesta casa marcada con el número 26. El menor de los tres varones, José fue aceptado como mensajero de la bodega que estaba en la esquina de Caney y Vista Alegre. Los mayores, Faustino y Manuel no tuvieron suerte y permanecieron desempleados por mucho tiempo. Con miras al aprendizaje de un oficio, Faustino aceptó trabajar gratis, haciendo tortas y otros dulces, en la dulcería del gallego Manuel Álvarez, en cuya trastienda le dejaban dormir. Manuel aprendió a manejar vehículos y enterado de que Monseñor Pérez Serantes, también de origen gallego, necesitaba un chofer, logró empleo en el Obispado de Santiago de Cuba. Mientras el padre, José María comenzó a trabajar como portero y limpiador de los pisos del colegio jesuita Dolores. Por su lado, Flor Marina se dedicó a las labores domésticas.

El 26 de Julio de 1953, los disparos que tienen lugar en el cuartel Moncada, segunda fortaleza militar de Cuba, despiertan a la familia en plena mañana de las celebraciones de la Santa Ana. El joven abogado Fidel Castro, a la cabeza de un grupo de revolucionarios, protagonizó el asalto al Moncada, acción que tenía como objetivo fundamental iniciar la lucha armada con el propósito de poner fin a la sangrienta e inconstitucional dictadura de Fulgencio Batista.

Entre gallegos e hijos de estos, participaron más de 15 jóvenes en el Asalto al Moncada. Asimismo, los dos principales jefes: Fidel Castro y Abel Santamaría eran hijos de gallegos. Este acontecimiento llenó de esperanzas libertarias para Cuba y en este despertar de conciencia política e ideológica se involucraron los hermanos Díaz González. Por eso en 1958, los tres hijos gallegos de Flor Marina se incorporaron al Ejército Rebelde, que tenía por escenario al macizo montañoso de la Sierra Maestra. El primero en alzarse fue José.

Manuel le comunicó al Obispo Pérez Serantes que no sería más su chofer, porque tenía un fuerte dolor de muelas y faltaría unos días. Un año después, regresó al Obispado para saludar a Monseñor. Estaba vestido de verde olivo y con el grado de comandante, Pérez Serantes le preguntó ¿ya se te quitó el dolor de muelas?

Flor Marina no volvió a tener paz en su vida hasta el triunfo de la Revolución, cuando vio regresar a dos de los hijos, Faustino y Manuel, el último sobrevivió luego del combate donde resultara gravemente herido, el 29 de mayo de 1958. El menor, José había muerto, ametrallado por un tanque enemigo, el 5 de agosto de 1958, en la Batalla de Cerro Pelado. Ella conservó siempre en un cofre la carta donde Manuel le comunicó: "Pinín ha muerto en el combate de Cerro Pelado, combatiendo heroicamente y los compañeros retiraron sus restos a 10 kilómetros del desarrollo de la batalla. Los quiere, Manuel".

Flor Marina y José María se fueron de inmediato al rencuentro en las montañas con Manuel, deseaban conocer los detalles acerca de la caída en combate del hijo menor. Manuel los esperó con el uniforme del Ejército Rebelde y un fusil al hombro. Prometió a los padres que luego del triunfo revolucionario él se encargaría de trasladar los restos de su hermano para Dos Palmas, de manera que estuvieran cerca de la finca de la abuela materna.

En 1959, Manuel cumple la promesa y acompañó a sus padres hasta el montículo de tierra donde había una señalización que decía: Este es el galleguito. Desterrados los restos por el propio Manuel, fueron colocados en un ataúd para la adecuada sepultura. Años después la madre los trasladó para el Cementerio de Santa Ifigenia para poder visitar con mayor frecuencia la tumba del hijo y depositarle flores.

193

Flor Marina siguió viviendo en Santiago de Cuba, dedicada al trabajo de la limpieza del hospital de maternidad. La desaparición del hijo menor, tenía 21 años de edad al morir, a quien ella llamaba Pinín, la había hundido en la más profunda tristeza y dolor. Se volvió muy introvertida y jamás dejó de poner un búcaro de rosas multicolores en la mesita que sitúo debajo del retrato de este hijo, en su casa de calle 9 y Carretera del Morro, del reparto Veguita, Santiago de Cuba.

Pasaron los años y Flor Marina continúo viviendo muy sola en su hogar de Santiago de Cuba, resistida a vivir en La Habana cerca de Faustino y Manuel y de los nietos. Decía que en el trabajo de limpieza, ella encontraba algún refugio para su soledad y por eso anciana ya seguía realizando esta labor, necia a los reclamos de su familia y al traslado para la capital cubana. Manuel y Faustino le dan la noticia de que ambos han sido ascendidos a coronel y que les gustaría mucho que ella estuviera presente en las celebraciones familiares. Una vez más, intentaron embullarla para que se mudara cerca de ellos, donde no tendrá necesidad de trabajar. Todo fue inútil, ella siguió aferrada a su destino.

Una mañana, camino al hospital fue arrollada por un ciclista. Sufrió las fracturas de un brazo y una pierna. Con tal motivo recibe la visita de la heroína Celia Sánchez, quien le dice: Vengo a buscarte y no hay negativa...quiero que vayas a vivir al lado de mi casa. Entre estas dos mujeres nació una amistad que se trocaría en cariño de verdaderas hermanas.

En la década de 1980, Faustino y Manuel partieron hacia Angola en misión internacionalista. De nuevo los temores ante el peligro que corrían los hijos en la guerra, quebraron el sosiego en el hogar de los padres. José María fallece en 1983, sin ver el regreso de los hijos de África En La Habana, ella crió un nieto desde los dos años de nacido.

Flor Marina murió a los 90 años, en el año 2005, rodeada del amor de los hijos y nietos.

De noite, de dia.
n` aurora, na sera,
oirsesme cantando
por montes e veigas.

(Cantares gallegos)

MARÍA, LA GUERRILLERA

Adiós hermosa ribera
donde mi esperanza dejo;
ya para siempre me alejo
de tu orilla placentera.

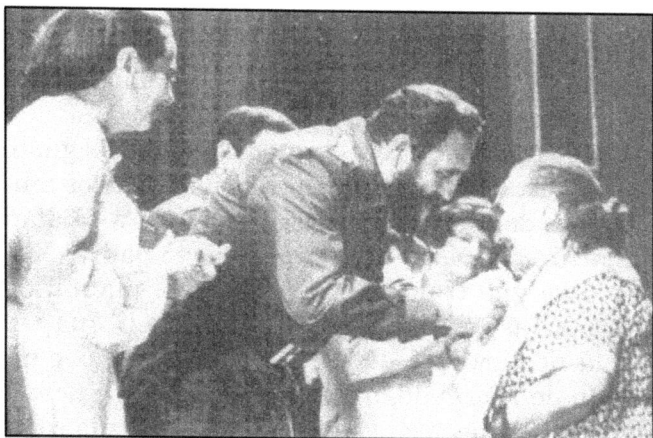

María Araujo, La Guerrillera, La Gallega de Casablanca.

María la Gallega como también era conocida María Araujo Martínez inscribió en la historiografía de España y Cuba una ejemplar y brillante hoja de servicio a sus dos patrias, de acuerdo con el sentimiento de la valerosa La Guerrillera. Había nacido en el humilde hogar de Carril, Pontevedra, el 28 de octubre de 1904, hija del pescador don Sebastián y de la lavandera, doña Emilia.

199

Sus padres la trajeron a La Habana a punto de cumplir dos años de edad. La familia se estableció en el pueblo marino de Casa Blanca, donde vivía una pequeña colonia de gallegos, dedicada a la pesca. Y en la capital cubana nacieron otros cuatro hijos del matrimonio Araujo y Martínez. María creció rodeada de personas sencillas que mantenían muchas de las costumbres y tradiciones de Galicia; también, sensibilizada con la difícil situación social, política y económica que sufría Cuba en la condición de neo-colonia de Estados Unidos. Logró estudiar la primaria en una escuela de monjas. Los estudios fueron pagados por amiga de la familia, de origen vasco.

Fue la época que se le despertó a María el gusto por la lectura, mientras sobresalía entre los muchachos de su edad por la inteligencia y su afán de justicia social. Al desaparecer el padre, María tuvo que trabajar y abandonó el plantel de las monjas, pero siguió estudiando en una escuela nocturna. Conoce a Ángel Carcaño, emigrado de Murgado, quien era pescador y destacado luchador por la reivindicación de sus compañeros del mar. Se casaron en 1920 y tuvieron el primer hijo, que muere poco después de nacido.

Por su lado Emilia, enferma de tuberculosis y deseosa de ver al hijo que había dejado en Galicia al cuidado de los abuelos, embarca rumbo a la tierra de origen con los muchachos nacidos en La Habana. Doce horas antes de arribar el barco a Cabo Finisterre, la sorprende la muerte. La adolescencia de sus hijos, huérfanos hacía años también de padre, quedaría marcada por el más penoso desamparo. María, la mayor de los hermanos, se encargaría de ofrecerles apoyo, por lo que no le quedó otro remedio que dejar Casa Blanca y partir hacia Vigo.

María nunca pudo borrar de su mente la desesperación de la madre cuando le trajeron la noticia de que el barco de pesca donde se hallaba Araujo se había hundido en el Golfo de México. Por eso desde la trágica noticia de la desaparición del padre, la niña comenzó a trabajar a la edad de nueve años, a la par de Emilia, lavando y planchando grandes bultos de ropa.

Entretanto, Galicia parecía sucumbir ante la espantosa miseria de aquellos tiempos, y en Cuba la silla presidencial continuaba ocupada por mandatarios corruptos y serviles a los dictámenes del gobierno de Washington.

De aquel período el peor de todos los mandatarios cubanos fue Gerardo Machado, al hundir al país en el caos económico y social, sembró el hambre y el desempleo. Asesinó y reprimió brutalmente a los opositores, entre ellos a miembros del partido marxista, al cual pertenecía María. En España había triunfado la República y fueron estas razones que alentaron en los emigrados el deseo de retornar a la Madre Patria.

María con dos hijos pequeños, aconsejada por la dirigencia del partido comunista, vuelve a Galicia en 1932 para ofrecer auxilio a los hermanos que sufren el desamparo de los padres fallecidos. Ocho años después embarcaría también el esposo. En Vigo tendrán hogar y trabajo, ella en la fábrica de conservas de anchoa y Carcaño en la pesca.

Pronto María se destaca como dirigente sindical y como valiosa defensora de los derechos de unos 25 mil trabajadores de aquel centro laboral. Continuará en la lucha por la emancipación de los humildes, y ampliando el radio de acción, eleva protestas a favor de mejoras salariales para las vendedoras de leche; enfrenta a los rompehuelgas; defiende a las mujeres ante los salarios miserables que le pagaban. Viaja a Madrid donde participa como delegada en un congreso antifascista e intercambia experiencias e ideas con Dolores Ibárruri, la Pasionaria. También forma parte de la delegación antifascista que se reuniría en París.

De vuelta a Vigo, comienza a sufrir acoso y persecución policial y pasa a la lucha clandestina. Había estallado la guerra civil y María se refugia en el monte de Redondela; pronto la llamarán María La Guerrillera. A su hija más pequeña nacida en Vigo en 1935, Dorita, la dejó en la ciudad al cuidado de una amiga ciega. En 1936, en Galicia se fundó la primera guerrilla que combatió contra el franquismo.

La inteligencia militar fascista abrió numerosos expedientes a María Araujo, acusada de conspiración. Su esposo, Ángel Carcaño, fue detenido y condenado a trabajos forzosos, pero logró salir de Galicia y pasar a Lisboa, desde donde embarcó para Cuba. María continuaba en Galicia, realizando misiones de enlaces entre los combatientes de la ciudad y la guerrilla; pero en una ocasión que llevaba en brazos a la hija pequeña fue arrestada. La encarcelaron con Dorita que apenas tenía dos años. En la prisión, María sufrió amargamente pensando la suerte que correrían sus hijos si la fusilaban. Sin embargo, faltaba en su diario de revolucionaria las páginas que finalmente escribió en Cuba.

Con el nombre de la madre, Emilia, y en plena Segunda Guerra Mundial, en 1944 María Araujo Martínez, logró embarcar hacia La Habana, en el trasatlántico "Marqués de Comillas". Volvió a su hogar de Casa Blanca, donde la esperaba Ángel Carcaño; juntos emprendieron con los hijos una nueva etapa coronada de trabajo, esfuerzos y misiones humanitarias y revolucionarias. María fue autorizada por el Partido Comunista Español a pasar al Partido Socialista Popular, desde cuyas filas realizó la encomiable actividad de auxilio al sufrido pueblo español. Su voz en defensa de la Madre Patria, fue escuchada en diversas tribunas.

María volvería a ser testigo de otra tiranía en Cuba, encabezada por Fulgencio Batista, tras el golpe militar de 1952, así como de la epopeya del pueblo cubano por su libertad. Fidel Castro funda el Movimiento 26 de Julio para derrotar a Batista y María La Gallega se apresta a ofrecer su colaboración. Recauda fondos para el Movimiento y busca el apoyo solidario de los trabajadores que se encuentran en su sindicato.

Triunfa la revolución en Cuba el primero de Enero de 1959. María la guerrillera, María la Gallega, María Araujo Martínez se encuentra entre las más activas y entusiastas contribuyentes del proceso revolucionario y de los fundadores del Partido Comunista de Cuba. Trabajó en

la creación de los Comités de Defensa de la Revolución y delegaciones de la Federación de Mujeres Cubanas; participó en la Campaña Nacional de Alfabetización e integró la milicia popular. Todo esfuerzo por cooperar con la Revolución le pareció poco.

Durante la invasión a la Isla por Playa Girón,
realizó difíciles misiones por la Seguridad del
Estado. Por méritos y destacadas contribucio-
nes a la causa del pueblo cubano le fueron con-
feridas importantes distinciones, entre ellas la
orden "Ana Betancourt", otorgada por el Consejo
de Estado, la que personalmente prendió en su
pecho Fidel Castro, en 1975.

Los últimos años de vida los disfrutó al lado de
sus hijos y nietos, a quienes en La Habana vio
crecer ajenos a las penurias que ella y sus hermanos habían experimentado en la niñez y juventud. La gallega guerrillera y revolucionaria
cubana, María Araujo Martínez, murió el 26 de
diciembre de 1989, sus restos reposan en el Cementerio de Colón.

Dora Carcaño Araujo, la mencionada hija de
María, siguió en Cuba la huella ejemplar de sus
padres en aras de la justicia y en defensa de la
nación que a su familia galaica le brindó protección y posibilidades de una mejor vida. Estudio
magisterio y la licenciatura de Ciencias Sociales. Por sus méritos fue elegida secretaria general de la Federación de Mujeres Cubanas, cargo
que ocupó entre 1968 y 1990, época en que conocí
a esta amable, educada e inteligente gallego-cu-
bana. En la actualidad es la Coordinadora en

América de la Federación Democrática Internacional de Mujeres.

Junto con María merecen mención también otras hijas de Galicia, de gran generosidad y valor, que han dejado sus improntas en la memoria femenina e historiográfica de La Habana. Entre ellas Josefa Baltar y Jesusa Prado.

¡PRA A HABANA!

IV PARTE

¡Animo, compañeiros,
tod' a terra é d' os homes.
Aquel que non veu nunca mais que a propia
a iñoranza o consume.
¡Animo! ¡A quen se muda, Dio-l-o axuda!
¡E anque hora vamos de Galicia lonxe,
verés dés que tornemos
o que medrano os robres!
Mañan é ó dia grande, ¡a mar, amigos!
¡Mañana, Dios nos acoche!"

N' ó sembrante á alegría,
n' ó corazón ó esforzo
y a campana armoniosa d' á esperanza,
lonxe, tocando a morto.

V PARTE

Este vaise y aquél vaise,
e todos, todos se van;
Galicia, sin homes quedas
que te poidan traballar.
Tés, en cambio, orfos e orfas
e campos de soledad,
e nais que non teñen fillos

e fillos que no tén pais.
E tés corazóns que sufren
longas ausencias mortás,
viudas de vivos e mortos
que ninguén consolará.

Bibliografía

GARCIA MARTÍ, V. Obras Completas. Recopilación y estudio bibliográfico. Rosalía de Castro o El dolor de vivir. Aguilar. Madrid. 1960

PRENSA GALLEGA. Colección de 35 ejemplares hasta 1952. Fondo Gallego. Biblioteca Fernando Ortiz del Instituto de Literatura y Lingüística de Cuba.

GALICIA, revista. Colección del año 1915. Fondo Gallego. Biblioteca Fernando Ortiz del Instituto de Literatura y Lingüística de Cuba.

VIDA GALLEGA EN CUBA, La. Revista. Colección 1952. Fondo allego. Biblioteca Fernando Ortiz del Instituto de Literatura y Lingüística de Cuba.

VILLAR GRANGEL, Domingo. Cartas sobre Galicia. Madrid. Libro de Fernando Fe. 1914. Biblioteca Fernando Ortiz, Instituto de Literatura y Lingüística de Cuba.

MASDEU, Jesús. La Gallega, novela. Casa Editorial El Dante, 1927. La Habana. Biblioteca Fernando Ortiz del Instituto de Literatura y Lingüística.

BOHEMIA, revista, 25 de julio de 2003, 1995. Biblioteca Nacional José Martí, La Habana.

GALICIA E AMERICA, Cinco siglos de historia. Edición Consello da Cultura Gallega. Santiago de Compostela, 1998.

A GAITA GALLEGA. A Habana (1885-1889). Edición facsimilar. Centro Ramón Piñeiro. Para la investigación en Humanidades. Editado por la Xunta de Galicia, Consejería de Ordenación Universitaria. Santiago de Compostela.

SOTELO BLANCO, Olegario. A Voz do Emigrante. Fundación Sotelo Blanco, ediciones S. L. Santiago de Compostela, 2006.

BOHEMIA, revista cubana. Colección 1908-2005. Biblioteca Nacional José Martí. La Habana, Cuba.

FEDERACIÓN DE SOCIEDADES GALLEGA DE CUBA. Archivo y papelería entre 1900 y 2007. Palacio del Gran Teatro de La Habana. Prado y San José.

DIARIO DE LA MARINA, colección de 1938 y de 1958. Biblioteca Nacional José Martí. La Habana.

NARANJO OSORIO, Consuelo. Del Campo a la bodega: Recuerdos de Gallegos en Cuba (siglo XX). Edición do Castro. Sada – A Coruña. Galicia, 1988.

INTITUTO DE HISTORIA DE CUBA. La Neocolonia. Organización y Crisis desde 1899 hasta 1940. Editora Política. La Habana, 1998.

TORRES CUEVAS, Eduardo y LOYOLA VEGA, Oscar. Historia de Cuba. 1492-1898. Editorial Pueblo y Educación, 2001. La Habana, Cuba.

LA SOCIEDAD CUBANA EN LOS ALBORES DE LA REPÚBLICA. Editorial de Ciencias Sociales. La Habana, 2003.

ROJAS, Marta. La Generación del Centenario en el Moncada. Ediciones R, La Habana, 1965.

PRADA, Pedro. La secretaria de la República. Editorial Ciencias Sociales, La Habana. 2001.

NEIRA VILAS, José. Galegos que loitaron pola independencia de Cuba. Edicios Do Castro. Serie Documentos. Sada. A Coruña. 1998.

SARABIA, Nydia. Perfiles. Mujeres de la Guerra Civil Española en Cuba. Ediciones Do Castro. Serie Documentos. Galicia. 2006.

MUJERES, revista. Colección 1968-2000. La Habana, Cuba.

MUCHACHA, revista. Colección 1980-1990. La Habana. Cuba.

Editorial Letra Viva©

2013

Postal Office Box 14-0253
Coral Gables, FL 33114-0253